KB263187

유튜버와 스트리머의 세금신고

유튜버와 스트리머의 세금신고

2021년 1월 25일 초판 발행
2025년 11월 24일 2판 발행

지 은 이 ㅣ 이원주, 김인기, 박현준
발 행 인 ㅣ 오연관
발 행 처 ㅣ 삼일피더블유씨솔루션
등 록 번 호 ㅣ 1995.6.26. 제3-633호
주   소 ㅣ 서울특별시 용산구 한강대로 273 용산빌딩 4층
전   화 ㅣ 02)3489-3100
팩   스 ㅣ 02)3489-3141
가   격 ㅣ 17,000원

ISBN 979-11-6784-446-0   13320

유튜버와 스트리머의
세금신고

이원주 · 김인기 · 박현준 지음

SAMIL | 삼일인포마인

세상이 빠르게 변하고 있습니다. 우리 세법은 항상 그 변화의 물결을 따라가기에 바쁩니다. 크리에이터들에 대한 세금 문제도 마찬가지입니다.

불과 몇 년 전만 해도 많은 유튜버와 스트리머(구, BJ)들은 세금에 대해 크게 신경 쓰지 않았습니다. 하지만 지금은 사정이 완전히 달라졌습니다. '세무조사로 누구는 몇 억 원을 세금으로 추징당했다', '어떤 유튜버는 세무조사 때문에 잠적했다'는 기사들을 어렵지 않게 접할 수 있습니다.

새로운 제도가 정착될 때는 항상 그렇듯 크리에이터에 대한 과세도 많은 혼란과 시행착오를 겪었습니다. 그리고 그 과정은 아직 진행 중입니다. 국세청 입장에서는 '소득이 있는 곳에 세금이 있다'는 대원칙에 따라 과세하지 않을 수 없고 크리에이터는 세원으로서 상당히 크고 매력적인 분야입니다. 국세청은 이미 크리에이터에 대한 철저한 과세 의지를 여러 차례 밝힌 바 있습니다.

하지만 이제는 달라져야 합니다. 크리에이터도 당당한 사업자로서 세금에 대해 올바로 이해하고 성실히 신고·납부할 때입니다. 세금은 두려움의 대상이 아니라 사업의 일부이며 제대로 알면 합리적으로 대응할 수 있습니다.

이 책은 초판 발간 이후 많은 크리에이터분들께 실질적인 도움을 드렸다는 평가를 받았습니다. 이번 개정판에서는 2025년 현재까지의 세법 변경 사항을 모두 반영하고, 그간 독자분들께서 궁금해하셨던 부분들을 더욱 명확하게 설명하고자 노력했습니다.

집필하면서 단순히 세금 문제만이 아니라, 크리에이터로서 활동하며 알아야 할 실무적인 지식들을 함께 담고자 했습니다. 사업자등록부터 부가가치세 신고, 원천세 신고, 종합소득세 신고 및 법인전환까지 크리에이터의 성장 단계에 맞는 세무 가이드를 제공하려 애썼습니다.

이 책이 크리에이터분들의 활동에 실질적인 도움이 되기를 진심으로 바랍니다.

이 책의 발간을 위해 노력해 주신 삼일피더블유씨솔루션의 오연관 대표이사님, 김동원 이사님, 박상준 부장님께 감사드리며, 늘 응원하고 힘이 되어주는 가족들 특히 아내에게 깊은 감사의 마음을 전합니다.

2025년 11월

저자 **이원주, 김인기, 박현준**

1장 수익이 있는 곳에 세금이 있다

2장 크리에이터와 세금

3장 크리에이터의 세금신고 실무

크리에이터에 대한
보도자료 및 사회적 분위기

우리는 라디오와 TV시대를 거쳐 현재 1인 미디어 시대를 살고 있습니다. 많은 사람들이 유튜버와 스트리머(과거 'BJ'[1])로 대표되는 1인 미디어 창작자(이하 '크리에이터'라고 하겠습니다)가 되고 싶어 하거나 적어도 거기에 관심을 가지고 있습니다.

민간 모바일 데이터 최근 조사에 따르면 유튜브 월간활성이용자(MAU)는 4,635만 명(iOS+안드로이드 합산)으로 집계됐습니다. 또한 스마트폰 사용자 1인당 월평균 유튜브 사용시간이 40시간을 넘어 역대 최대를 기록했습니다. 이것은 개인 PC나 스마트폰을 사용하는 거의 모든 사람들이 유튜브를 사용한다는 의미입니다(뉴시스, 2024. 3. 4.).[2]

또한 최근 초등학생들의 장래희망에서 3위가 크리에이터로 나타났고, 최근 몇 년간 계속 높은 순위에 랭크되어 있다고 합니다. 또한 청소년이 선호하는 직업군 중에도 크리에이터가 빠지지 않고 있습니다(대한민국 정책브리핑[3]).

---

1) 아프리카TV는 2024년부터 'SOOP(숲)'으로 리브랜딩 했습니다.
2) 뉴시스 https://www.newsis.com/view/NISX20240304_0002646574?
3) https://www.korea.kr/news/policyNewsView.do?newsId=148937034

이런 현상은 젊은 세대에 국한되지 않습니다. 요즘 직장인들의 2대 허언이 다음과 같다고 합니다.

"더러워서 사표내고 나간다."

"나 유튜버 할 거다."

정부의 공식 통계인 '디지털크리에이터미디어산업 실태조사에 따르면 국내 디지털창작매체 산업의 빠른 성장세를 확인할 수 있습니다. (과학기술정보통신부 보도자료, 2024. 12. 26.[4]).

구분	2022년	2023년
기업 수	11,123개	13,514개
매출액	4조 1,254억 원	5조 3,159억 원
종사자 수	35,375명	42,378명

최근 국세청 자료에 따르면 '1인 미디어 창작자'(유튜버·BJ 등)의 종합소득세 신고 인원은 1만 9,290명(+18.4%)이고 총 수입금액은 1조 4,537억 원(+34.2%)으로 집계되었습니다. 상위 10%의 1인당 평균 수입은 3억 4,494만 원으로 나타났으며, 지방국세청이 세무조사한 유튜버는 67명, 부과 세액은 총 236억 원에 달합니다. 최근에는 21명에게 89억 원이 부과되는 등 세무조사가 강화되고 있으며, 일부 크리에이터는 연 100억 원이 넘는 수익을 올리는 사례도 나오고 있습니다.

---

4) https://www.msit.go.kr/bbs/view.do?bbsSeqNo=94&mId=307&mPid=208&nttSeqNo=3185318&sCode=user

　이렇듯 어린이부터 노년층까지 고르게 1인 미디어 창작에 도전하고
자 하는 분위기가 사회전반에 걸쳐 형성되고 있습니다.

　하지만 철저한 준비를 한 후 시작하는 경우는 그리 많지 않은 것 같
습니다.
　'남들도 많이 하니까 일단 시작해 보자.'
　'시작이 반이다. 일단 시작하면 뭔가 되겠지.'
라는 막연한 자신감으로 시작하는 경우가 많고, 순간적으로 흥미를 가
지고 도전했다가 만만치 않은 작업량과 콘텐츠의 고갈로 인하여 그만
두는 경우가 많습니다.

　일례로 중고시장에 개인 방송 관련 장비의 판매가 많이 늘었다는 이
야기를 종종 듣기도 하고, 영상 몇 개 촬영해서 올려보고 영상을 올리
지 않는 유튜버들도 많습니다.

　유튜버 등 크리에이터는 세법 측면에서 볼 때 하나의 사업자에 해당
됩니다. 식당, 편의점, 카페 등 거리에 보이는 수많은 사업자와 비슷하
게 취급된다는 것입니다.

　혼자서 또는 친한 사람 몇 명이서 놀이 삼아 하는 것이 아니라, '유튜
브로 돈을 벌어야겠어.' 또는 '스트리머로 유명해져야겠어.'라는 생각
으로 크리에이터에 도전하는 분들이라면 이 일을 쉽게 생각해서는 안
됩니다. 새로운 사업을 한다는 생각으로 많은 준비를 하고 도전하기

바랍니다.

  경우에 따라서는 혼자 놀이 삼아 시작한 일이 의도와 다르게 커져
버려서 수익이 많이 발생하는 경우도 있습니다. 이런 경우 세금에 대
한 지식이 없다면 곤란한 상황에 처할 수 있습니다.

  수익이 발생하면 그중 일부는 무조건 세금으로 납부해야 한다는 원
칙을 가슴에 새기고 미리 준비하기를 바랍니다. 이 책이 크리에이터들
의 세금에 대한 궁금증을 많은 부분 해소해 줄 수 있을 것입니다.

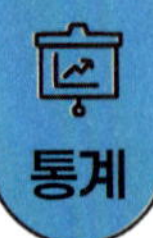

월간 유튜브등 앱 사용시간

　다음은 최근 한국인의 유튜브등 앱 사용시간에 대한 통계자료입니다. 한국인들은 카카오톡이나 페이스북 등 다른 앱과 비교할 수 없을 정도로 많은 시간을 유튜브에 사용하고 있습니다.

　여성보다는 남성이, 젊을수록 많은 시간을 유튜브에 사용하고 있습니다. 특이한 것은 40대보다 50대가 더 많은 날을 유튜브에 사용하고 있다는 것입니다. 40대는 일하느라 바쁜 것 같습니다.

[1인당 월 평균 사용시간]

- 유튜브 : 69.7시간
- 네이버 : 12.7시간
- 카카오톡 : 15.1시간
- 인스타그램 : 25.3시간

[연령대별 유튜브 월간 사용일]

구분	10대	20대	30대	40대	50대
사용일	20일	19.1일	16.7일	16.1일	16.3일

[연령대별 남성과 여성의 유튜브 월 사용시간]

연령	남성	여성
10대	56.0시간	43.5시간
20대	51.8시간	42.5시간
30대	42.5시간	32.6시간

[출처] 모바일 인덱스 인사이트 리포트 https://insight-report.mobileindex.com/post/moblieindex_2407_youtub

Chapter 01

수익이
있는 곳에
세금이 있다

유튜버와 스트리머의 세금신고

우리나라의 국민이라면 세금은 피할 수 없습니다. 흔히 국민의 4대 의무라고 하는 의무 중에 납세의 의무가 들어가 있습니다.

[헌법상 국민의 4대 의무]
· 납세의 의무   · 근로의 의무   · 국방의 의무   · 교육의 의무

흔히들 국민의 4대 의무 중에 가장 질긴 것이 납세의 의무라고 합니다. 다른 의무들은 사망하면 없어지지만, 납세의 의무는 사망한 후에도 상속인에게 그 의무가 이전되는 경우가 있기 때문입니다.

또한 납세의무에 대하여 우리나라 헌법 제38조에 이렇게 명시되어 있습니다.

[헌법 제38조]
모든 국민은 법률이 정하는 바에 의하여 납세의 의무를 진다.

서울시는 고액체납자들의 체납세금을 징수하기 위한 팀의 명칭을 헌법 제38조의 숫자 '38'을 따서 '38세금징수과'라 하고, 이를 '38기동대'라고도 합니다.

하지만 국가가 마음대로 세금을 국민에게 부과할 수는 없습니다. 세금은 법에 정한 대로 징수해야 하는데, 이것을 '조세법률주의'라고 합니다. 이러한 사항도 헌법에 명시되어 있습니다.

[헌법 제59조]
조세의 종목과 세율은 법률로 정한다.

세금과 관련된 세부적인 내용은 세법에 명시되어 있습니다. 세법 등 각종 법은 국민의 대표인 국회의원들이 국회에서 정하는 것입니다. 따라서 국회의원이 국민의 뜻을 제대로 모아서 세금을 올바르게 징수하고 사용하도록 해야겠습니다.

우리는 세금을 내기 싫어하거나 또는 내더라도 적게 내기를 원하는 경향이 있습니다. 하지만 국가가 국가의 일을 하기 위해서는 세금이 절대적으로 필요한 것이고, 국민된 의무로 법에서 정하는 만큼의 세금을 납부해야 합니다.

유튜버나 스트리머 등 크리에이터도 예외일 수 없습니다.

하지만 아직도 언제 어떻게 무슨 세금을 내야 하는지 모르는 크리에이터들이 많습니다. 최근에는 이러한 이슈들이 언론에 많이 노출되고, 전문가들이 세금과 관련된 영상을 많이 제작해서 게시하고 있지만 세금을 신고하고 납부하는 것이 그리 쉽지만은 않습니다.

흔히들 이렇게 생각합니다.
'많이 벌지도 못하는데 세금신고 좀 안 하면 안 되나?'
'어차피 우리는 봐도 모르니까 세무사한테 맡기면 되지.'

'모르겠다. 세무서에서 내라고 하면 그때 내지 뭐.'

모든 분야에서 그렇듯이 누군가와 대화할 때 기본적인 지식이 있는 것과 없는 것은 아주 다릅니다. 세무사에게 의뢰해서 세금신고를 하는 경우에도 세금에 대한 기본적인 지식이 있는 사람과 그렇지 않은 사람은 세무사와의 대화 자체가 다를 것입니다.

이제 기초적인 세금에 관한 이야기를 해 보겠습니다.

1

돈을 벌면 당연히
세금을 내야지

> **"돈을 벌면 당연히 세금을 내야지."**

이제, 이 문장을 당연한 것으로 받아들여야 합니다. 돈을 벌었다는 것을 세법에서는 '소득이 발생했다.'고 합니다. 우리는 이미 지식수준이 높기 때문에 '소득이 발생했다.'는 어려운 말도 그냥 이해할 수 있습니다.

그렇다면 소득은 누구에게 발생할까요? 법에서는 소득을 가지는 주체를 크게 두 가지로 분류하고 있습니다. 법인과 자연인(또는 개인)입니다.

원래 인간이 아니지만 법에서 인간처럼 대접해 주는 서류상의 인간을 법인이라고 합니다. 법인은 인간이 아니지만 인간처럼 부동산을 소유할 수 있고, 계약 등 법률행위의 주체가 될 수도 있습니다.

인간(인격체)	보통 인간 ⇨ 자연인(개인)
	법으로 보는 인간 ⇨ 법인

우리 주변의 큰 회사들은 대부분 법인이라고 생각하면 되는데, 큰 회사가 아니더라도 법인을 만들고 등록을 할 수 있습니다.

따라서 개인에게 발생하는 소득에 대해서는 소득세를 내고, 법인에게 발생하는 소득에 대해서는 법인세를 냅니다.

소득 발생	개인의 소득 ⇨ 소득세
	법인의 소득 ⇨ 법인세

유튜버나 스트리머 등은 개인으로 소득세를 낼 수도 있고, 법인을 설립해서 법인세를 납부할 수도 있습니다. 소득이 아주 높은 사람들은 법인을 설립하는 것이 절세하는 하나의 방법이 될 수 있습니다.

우리나라 세법은 빠져나갈 구멍이 없을 정도로 촘촘하게 모든 소득에 대해서 세금을 내도록 정하고 있습니다. 따라서 '어떻게 하면 세금을 안낼 수 있을까?'라는 생각은 하지 않는 것이 좋습니다.

특히 유튜버나 스트리머 등 크리에이터들에 대해서는 국세청에서 유심히 지켜보고 꼼꼼히 과세하겠다고 공식적으로 발표하고 계속해서 조사가 이뤄지고 있습니다. 이제 '어떻게 하면 세금을 안 낼 수 있을까?'가 아니라 '어떻게 하면 성실하고 지혜롭게 납세의 의무를 다할 수 있을까?'라고 질문을 바꾸어야 합니다.

세금?	어떻게 하면 안낼 수 있을까? ⇨ NO
	어떻게 하면 성실하고 지혜롭게 낼까? ⇨ YES

그런데 우리가 소득에 대해서만 세금을 내는 것은 아닙니다. 우리는 소비하는데도 세금을 내고 있습니다. 바로 '부가가치세'입니다.

소득? 소비?	소득에 내는 세금 ⇨ 소득세, 법인세
	소비하는데 내는 세금 ⇨ 부가가치세

저작권

내가 아닌 타인이 만든 저작물을 사용할 때 저작권 문제가 발생합니다. 음악, 사진, 짤, 폰트 등등 저작권에 문제가 생기는 것은 너무 많습니다. 저작권 문제가 없는 것을 사용해야 하고, 문제가 발생할 수 있는 것은 반드시 저작권자의 동의를 받아야 합니다.

모르고 곤란한 일을 당하지 말고, 사용하고자 하는 저작물이 문제가 없는 것인지 반드시 확인하는 습관을 가질 필요가 있습니다.

저작자의 동의를 얻지 않더라도 저작권자에게 도움이 되는 방향으로 영상을 제작한다면 굳이 저작권자가 문제 삼지 않겠지만, 그렇지 않은 경우에는 동의를 얻어야 합니다.

다음의 경우에는 괜찮다고 생각하기 쉽지만, 이런 경우에도 저작권자의 동의를 얻지 않으면 저작권 침해의 문제가 발생할 수 있습니다.

1. 저작권자를 밝히고 사용하는 경우
2. 다른 유튜버가 만든 영상을 유튜브 내에서 사용하는 경우
3. 영화장면 등을 썸네일로 만든 경우
4. 책을 낭독 또는 직접 인용하는 경우(단순한 리뷰는 괜찮음)
5. 아주 짧은 시간 동안(몇 초간) 음악을 사용한 경우
6. 공연 실황을 직접 촬영해서 게시한 경우

노래를 부른 가수의 동의를 받는다 할지라도, 저작권을 가진 작곡자 및 음원제작자 등의 동의를 받지 않은 경우에는 저작권 문제가 발생할 수 있습니다.

음원의 경우에는 한국음악저작권협회 등 저작권을 관리하는 협회가 있어서 협회에 문의를 해야 하고, 책의 일부를 낭독하거나 직접 인용하는 경우에는 출판사에 문의를 해 보면 됩니다.

동의를 받을 때는 이메일 등 문서로 받는 것이 좋지만, 전화통화로 동의를 받을 때는 통화내용을 녹취해 두는 것이 좋습니다. 구두로 동의를 받는 것은 분쟁 발생 시 증거가 될 수 없기 때문입니다.

2

우리는 우리도 모르게 이미 세금을 내고 있다

소비할 때 소비자가 부담하는 부가가치세

우리가 소비자로서 식당에서 음식을 사먹거나, 옷을 사거나, 심지어 전화기를 사용할 때도 물건값 또는 사용료의 10%에 해당되는 금액을 부가가치세로 내고 있습니다. 우리도 모르게 말입니다.

부가가치세 (10%)	11,000원짜리 옷을 사면 1,000원은 부가가치세
	밥값으로 22,000원을 냈으면 2,000원은 부가가치세

비슷한 예로 10,000원짜리 운동화를 구입하는 경우에는, 10,000원 중 9,090원은 운동화의 가치이고 910원은 부가가치세입니다. '부가가

치세’를 줄여서 ‘부가세’라고 합니다.

우리에게 수입이 없어서 소득세를 내지 않는다고 할지라도, 소비를 한다면 부가세를 내고 있는 것입니다. 따라서 우리는 소비할 때 당당하게 세금을 내고 있다고 말할 수 있습니다.

사업자의 부가가치세 신고·납부의무

부가가치세가 과세되는 사업을 하는 경우, 사업자는 부가가치세를 신고하고 납부까지 해야 하는 의무가 있습니다. 농수산물이나 생활필수품 등 법에서 정하고 있는 면세업종 이외의 사업자는 모두 부가가치세 과세사업자에 해당됩니다.

크리에이터의 경우에는 인적·물적설비 없이 일하는 경우에는 면세사업자에 해당되고, 인적·물적설비가 있다면 과세사업자에 해당됩니다. ‘사업자등록 신청하기’에서 자세하게 설명하겠습니다.

부가가치세 과세사업자는 매출하는 물건 가치의 10%를 부가가치세로 정하여 소비자로부터 받아서 세무서에 신고·납부해야 합니다. 즉, 사업자는 자신의 주머니에서 부가가치세를 내놓는 것이 아니라, 상대방으로부터 받아서 내는 것입니다. 따라서 사업자는 부가가치세를 신고하고 납부해야 합니다.

그런데 물건을 거래하는 데는 생산자와 중간상인 등 여러 단계를 거치게 됩니다. 생산자는 중간상인에게 부가가치세를 받아서 내고, 중간상인은 소비자에게 부가가치세를 받아서 냅니다.

조금 더 자세히 살펴보면, 사업자는 매출의 10%를 모두 다 부가가치세로 내는 것이 아니라 사업을 위해 매입한 금액의 10%를 차감해서 내게 됩니다. 생산자로부터 매입할 때 부담한 부가가치세를 차감해 주는 것입니다. 이를 '매입세액공제'라고 합니다.

그림으로 설명하면 다음과 같습니다.

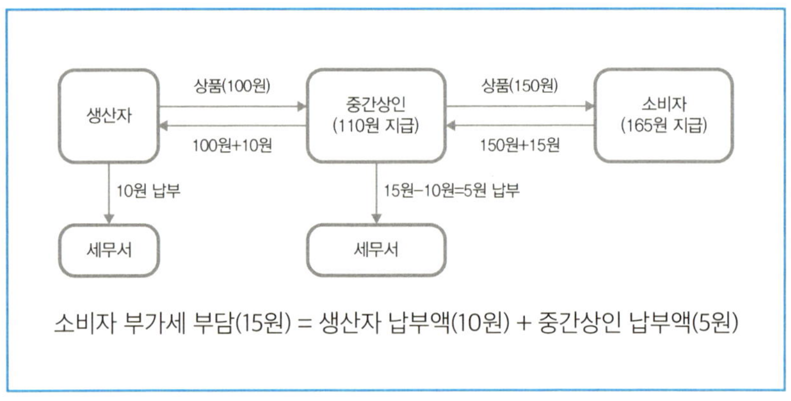

위 그림을 보면, 생산자가 100원짜리 상품을 중간상인에게 팔 때 부가가치세 10%를 더하여 110원을 받아서 부가가치세 10원은 세무서

에 납부합니다.

중간상인이 최종소비자에게 이 상품을 150원에 판다면, 역시 부가가치세 15원을 더한 165원을 받는데, 중간상인은 소비자에게서 받은 부가가치세 15원에서 생산자에게 지급한 부가가치세 10원을 차감한 잔액 5원을 부가가치세로 세무서에 납부합니다.

소비자는 부가가치세 15원을 부담하고, 생산자와 중간상인은 각각 10원과 5원의 부가가치세를 납부합니다. 결국 부가가치세 신고·납부는 생산자와 중간상인이 하지만, 소비자가 모든 부가가치세를 부담하게 되는 것입니다.

따라서 최종 소비자를 부가가치세 담세자라 하고, 사업자를 부가가치세 납세자라 합니다. 이렇듯 부가가치세는 담세자와 납세자가 다른데, 이런 세금을 전문용어로 '간접세'라고 합니다. 부가가치세는 '간접세'에 해당됩니다.

이와 다르게 소득세와 법인세는 세금의 납세자와 담세자가 동일하다는 의미로 '직접세'로 분류됩니다.

부가가치세 계산방법

위에서 설명한 논리를 가지고 부가가치세를 계산하는 산식을 도출하면 다음과 같습니다.

> 부가가치세 = 매출액 × 10% − 매입액 × 10%

원칙적인 부가가치세 세율이 10%이므로, 매출액과 매입액에 10%를 곱해서 차감한 금액을 부가가치세로 신고·납부합니다.

그런데, 유튜버의 경우는 좀 다릅니다. MCN을 통하지 않고 외국에서 직접 달러로 입금받는 유튜버는 외화획득 사업을 하는 것이므로, 매출액에 10%가 아닌 0%를 곱해서 다음과 같이 부가가치세를 계산합니다.

> 유튜버의 부가가치세 = 매출액 × 0% − 매입액 × 10%

매출액×0%는 '0'입니다. 따라서 유튜버는 부가가치세가 마이너스(−) 금액으로 계산되고, 이 마이너스 금액은 세무서로부터 환급을 받습니다.

따라서 부가가치세 과세사업을 하는 유튜버는 부가가치세 신고를 한 후 금액을 납부하는 것이 아니라, 세무서로부터 환급을 받게 됩니다.

MCN

MCN이란, 크리에이터들의 동영상 제작이나 수익창출 등을 도와주고 광고 수익을 나누어 갖는 서비스를 하는 기업을 말합니다. MCN은 Multi Channel Network의 약자입니다. 유튜버 등 크리에이터들에게 촬영장과 장비 및 동영상 편집 등을 지원하고, 각종 법률서비스 및 광고 영업까지 대행해주는 경우도 있습니다. 유튜브는 대표적인 MCN에 해당됩니다.

위 부가가치세 환급에 관한 내용은 사업자등록을 하지 않은 스트리머나 MCN 소속 유튜버 또는 면세사업자로 등록한 유튜버에게는 해당되지 않습니다.

위에서 설명한 부가가치세 계산방법은 가장 원칙적이고 기본적인 내용입니다. 실무에서는 당연히 조금 더 복잡하고 다양한 일들이 일어납니다.

10만 명 이상 구독자 수별 유튜브 채널 현황

우리나라 초보 유튜버들이 생각하는 유튜버로서 안착 기준은 대략 구독자 10만 명입니다.

다만, 구독자 규모가 같아도 영상 콘텐츠의 길이, 주제, 채널 운영 방식에 따라 수익과 성장 속도는 매우 다양하게 나타납니다.

2020년 약 3,700개였던 구독자 10만 명 이상 채널은 2025년 약 6,500개로 꾸준히 증가하고 있습니다. 그 중 10만~100만 구독자 채널은 약 5,500개, 100만 이상 채널은 약 1,000개에 달합니다.

한편, 과거에는 약 42%의 채널이 한 달에 단 한 개의 영상도 업로드하지 않아 비활성 상태였으나, 최근에는 활동률이 다소 개선된 것으로 관측됩니다.

"상위 100개 채널의 평균 구독자는 528만 명, 평균 누적 조회는 27억 회, 평균 업로드는 1,610개, 평균 추정 연 소득은 28억 원으로 나타나, 상위권에 성과가 집중되는 구조가 확인됩니다. 이렇게 상위 1~2% 유튜버가 전체 구독자의 약 60%를 점유하는 집중 현상도 지속되면서, 인기 유튜버로의 쏠림 현상이 여전합니다.[5]

---

5) 포브스코리아 https://www.forbeskorea.co.kr/news/articleView.html?idxno=340178

이처럼 국내 유튜브 시장은 다수의 채널 증가와 함께 상위권 집중화가 공존하며, 숏폼 콘텐츠 성장 등 새로운 환경이 채널 성공 방정식에 변화를 가져오고 있습니다.

시작할 때 어떤 장비를 사야 하나?

유튜버 등 크리에이터를 시작하려 할 때, 다들 이런 생각들을 합니다.

> '어떤 장비로 어떻게 촬영하지?'
> '내 PC사양이 괜찮은가?'
> '카메라하고 마이크도 없는데 어떤 걸 사야 하나?'
> '조명도 필요하다던데'
> '그냥 집에서 해도 되는 건가? 촬영장을 빌려야 하나?'

불필요한 고민들입니다. 처음에 시작할 때는 사용하는 스마트폰으로 충분합니다. 그리고 꼭 필요한 것은 만 원이면 살 수 있는 소형 삼각대입니다. 그래도 장비 하나쯤 장만하고 싶다면, 2만 원 정도하는 스마트폰용 마이크 하나 장만해서 시작하면 됩니다.

PC사양, 그리 좋을 필요 없습니다. 유튜브 영상을 끊김없이 잘 볼 수 있고, 프레젠테이션 작업이 무리 없는 보급형 PC면 충분합니다.

시작하기도 전에 미리 좋은 장비부터 구입한다면, 단 몇 주 만에 구석에 처박히거나 중고마켓에 올려서 팔게 되는 경우가 생기게 됩니다. 그래서 요즘 중고마켓에 액정 태블릿, 짐벌, 조명 등 촬영 장비들이 많아지고 있습니다.

중요한 것은 장비가 아니라 좋은 콘텐츠와 끈기입니다. 화면에 아무리 잘 나와봤자 콘텐츠가 좋지 못하면 6개월을 버티기 힘듭니다. 반면에, 화면하고 음향은 좀 떨어진다 해도 콘텐츠가 좋으면 수익을 낼 수 있는 것이 크리에이터입니다.

장비가 필요하다는 생각이 든다면, 일단 구매하지 말고 끝까지 참다가 사용하기 직전에 구매하기 바랍니다.

'미리 사용법 익히고, 시험도 해 봐야 하니까 지금 사야겠다.'라는 생각은 합리적이지 못합니다. 적어도 크리에이터는 그렇습니다.

3

국세청은 우리가
얼마를 벌었는지 알고 있다

우리가 법에서 정하는 납세의무를 성실하게 이행하지 않은 경우에는 국세청에서 이런 사실을 알게 됩니다. 그렇다면 국세청에서는 우리의 소득을 어떻게 알까요? 다 방법이 있습니다. 국세청과 세무서는 그런 일을 하라고 만들어 놓은 국가기관입니다.

국세청은 우리가 생각하는 것보다 우리에 대한 정보를 훨씬 더 많이 알고 있습니다.

회사가 개인에게 인건비를 지불할 때는, 회사가 지급하는 인건비를 비용으로 처리하기 위해서 국세청에 인건비 신고를 합니다. 이렇게 신고된 금액은 인건비를 받는 개인의 소득으로 잡히고, 이 금액을 바탕으로 소득세를 산정합니다.

또한 개인이 신용카드·현금영수증·교통카드·직불카드 등을 사용하면 그 모든 사용내역이 카드사를 통해서 국세청으로 들어갑니다. 버스를 타고 언제 어디에서 어디로 이동했는지, 어디에서 무엇을 구매했는지, 얼마를 벌었고 얼마를 썼는지 등 우리 생활의 대부분을 국세청은 파악할 수 있습니다.

국세청은 우리의 개인정보 중 많은 것을 가지고 있습니다. 그래서 국세청은 국세청 내부에서도 국민의 개인정보에 대한 접근과 처리를 아주 엄격하게 관리하고 있고, 외부에서 들어오는 해킹을 방지하기 위해서 외부와 단절된 국세청의 독립적인 전산망을 구축하고 있다고 합니다.

국세청의 애드센스 광고 수익 파악

많은 유튜버들은 MCN에 소속되어 있지 않습니다. 이런 일반적인 유튜버들이 얻는 유튜브 광고 수익은 구글 애드센스로부터 개인 통장에 매달 입금됩니다.

그런데 구글 애드센스는 우리나라에 없습니다. 외국에서 국내 개인 통장으로 송금되는 금액을 국세청이 일일이 파악하기란 현실적으로 쉽지 않습니다.

물론 국세청이 의지를 가지고 일일이 파악하려고 마음먹는다면 불가능한 것은 아니지만, 시간과 노력이 너무 많이 들기 때문에 어렵다는 것이 지금까지의 분위기였습니다. 하지만 2020년을 기점으로 분위기가 많이 달라졌습니다.

외국환거래규정에 따르면 연간 10,000달러(원화 1,200만 원 정도)를 초과하는 외환거래가 있는 경우, 은행은 그 내용을 국세청에 통보하도록 되어 있습니다. 그래서 연간 10,000달러 이하의 광고수입에 대해서는 국세청이 모를 것이라고 생각하는 경우가 있는데, 잘못된 생각입니다.

2020년 7월 국세청에서는 연간 10,000달러가 아니라, 연간 1,000달러(원화 약 120만 원)를 초과하는 외환 거래자료를 한국은행으로부터 넘겨받아서 유튜버에 대한 대대적인 검증작업에 착수했다고 합니다(전자신문, 2020. 7. 20.).

국세청은 '신종업종 세정지원센터'까지 설치하면서 유튜버들의 수익에 대해서 철저하게 과세함과 동시에, 성실하게 납세의무를 이행하는 경우에는 납세의무의 이행을 지원하겠다고 발표했습니다.

이렇듯 유튜버들은 자신의 소득을 숨길 곳이 없습니다. 국세청은 우리의 소득을 다 파악할 수 있습니다.

더군다나 앞으로 국세청은 더 철저하고 면밀하게 조사해서, 납세의무를 이행하는 사람들에게는 지원해 주고 그렇지 않은 사람들에게는 더 무겁게 과세하겠다고 했으니, 이미 당근과 채찍을 모두 준비해 둔 상태입니다.

국세청의 제품 간접광고(PPL) 수익 파악

유튜버들은 애드센스를 통해 얻는 수익보다 제품 간접광고를 통해서 얻는 수익이 더 높은 것으로 알려져 있습니다. 이를 PPL이라고 합니다. 우리는 이미 영화나 드라마 등에서 많이 보고 있었습니다.

그런데 크리에이터들이 가져가는 이 PPL 수익을 국세청이 어떻게 알까요?

크리에이터는 PPL 상품을 상품 제조회사 또는 판매회사로부터 받아서 PPL에 사용하고, 사용해 주는 대가를 제조회사 등으로부터 받습니다. 이때 제조회사 등이 유튜비에게 디가를 지급하면서 원천징수라는 것을 합니다.

제조회사가 크리에이터에게 PPL의 대가로 1,000,000원을 지급하기로 계약했다면 1,000,000원을 모두 크리에이터에게 지급하는 것이 아니라, 3.3%의 세금을 차감한 잔액을 지급합니다. 즉, 33,000원을 제외한 967,000원을 지급하는 것입니다.

그리고 제조회사는 967,000원을 누구에게 지급했는지 국세청에 신고하고 33,000원은 세금으로 납부합니다.

만약 제조회사가 이러한 신고를 하지 않는다면 지불한 비용에 대하여 비용처리를 못하기 때문에 세금을 많이 내야 하고, 추후에 비용처리를 위해서는 가산세까지 물어야 합니다.

만약, 크리에이터가 사업자라면 PPL 수익에 대하여 세금계산서(또는 계산서)를 발행하고, 국세청에 해당 내용을 신고해야 하는 경우도 있습니다.

따라서 국세청은 크리에이터의 PPL 수익도 모두 정확하게 파악할 수 있습니다.

PPL

PPL이란, 특정 상품을 방송이나 영화 등에 출연하는 인물들이 사용하는 도구로 이용함으로써 영화 등의 주요 장면에 노출되어 관객에게 광고효과를 발생시키는 것을 말합니다.

PPL은 Product Placement의 약자로, 일종의 간접광고에 해당됩니다.
PPL의 장점은 관객들에게 자연스럽게 해당 상품에 접근할 수 있도록 하고, 제작사는 제작비를 조달할 수 있다는 것입니다.

국세청의 MCN 소속 유튜버의 소득 파악

국세청 입장에서 MCN 소속 유튜버에 대한 소득 파악은 쉽습니다. MCN 소속 유튜버에 대한 소득이 발생하면, 일단 소득을 MCN이 가져갑니다. 그 후 MCN은 소속 유튜버들의 관리비 또는 각종 서비스 비용 등을 공제한 잔액을 소속 유튜버들에게 지급합니다.

발생하는 소득에 대해서 유튜버 60%, MCN 40%의 비율로 분배한다고 알려져 있는 것과는 달리, 유튜버의 인지도나 콘텐츠의 성질에 따라서 분배비율이 많이 다르다고 합니다.

그런데 MCN이 소속 유튜버에게 소득을 지급할 때 그냥 지급하는 것이 아니라, 세금 3.3%를 차감한 잔액을 지급합니다.

그 이후의 과세체계는 앞에서 설명한 PPL 광고 수익과 동일합니다. 역시 MCN은 소속 유튜버들에게 소득을 지급하면서 국세청에 신고하고 3.3%의 세금을 납부하게 되므로, 모든 수익을 국세청에서 파악할 수 있습니다.

MCN 소속으로만 활동하는 유튜버의 경우에는 사업자등록을 할 필요가 없어서 사업자등록을 하지 않는 경우가 많지만, 경우에 따라서는 MCN 소속 유튜버라 하더라도 사업자등록을 하고 MCN으로부터 받는 소득에 대해서 세금계산서를 발급하는 경우가 있습니다. 이 경우에는 영세율을 적용받을 수 없다는 것에 유의해야 합니다.

국세청의 SOOP(구 아프리카TV) 스트리머의 소득 파악

SOOP이 스트리머(구 BJ)에게 정산금을 지급할 때, 개인에게 지급되는 인적용역 대가는 통상 3.3%(소득세 3%+지방소득세 0.3%)를 원천징수한 뒤 지급되며, 지급자는 해당 내역을 지급명세서로 국세청에 제출합니다(사업·기타소득 간이지급명세서 : 지급 월의 다음 달 말일까지). 따라서 국세청은 제출된 지급명세서를 통해 스트리머의 소득을 파악할 수 있고, 수취인은 홈택스에서 원천징수영수증/지급명세서 제출내역을 조회할 수 있습니다.

이 과세 흐름은 국내 MCN을 통해 정산받는 유튜버와 실무상 거의 동일합니다.

후원금

아직 국세청에서 파악하기 어려운 소득이 후원금입니다. 예를 들면, 정치 관련 이슈를 다루는 크리에이터 등이 시청자들로부터 직접 개인 계좌로 후원금을 받는다면, 이러한 후원금에 대해서는 국세청이 정확하게 파악하기 어렵습니다.

하지만 계좌로 받는 후원금에 대해서 국세청이 아직 신경을 쓰지 않고 있을 뿐입니다. 국세청이 의지를 가지고 소득 파악 작업에 착수한다면, 소득 파악이 불가능한 것은 아닙니다.

이러한 후원금에 대해서는 증여세 문제가 발생할 가능성이 있습니다.

국세청의 근로자 소득 파악

　회사에서 월급을 받고 일하는 근로자의 경우에는 회사가 월급을 지급할 때마다 얼마를 지급했는지 매달 국세청에 신고하고, 매 6개월마다(1~6월, 7~12월) 6개월 동안 누구에게 얼마를 지급했는지를 모아서 신고합니다.

　또 1월부터 12월까지 1년 치를 한꺼번에 모아서 1년 동안 누구에게 얼마를 지급했는지 또 신고하게 되어 있습니다. 이중 삼중으로 신고하게 되어 있는 것입니다.

근로자 월급 지급	• 매월 : 월급을 지급하는 경우 급여신고 • 원천징수이행상황신고서 제출(다음 달 10일까지)
	• 1~6월, 7~12월 : 6개월 동안 지급 내역 신고 • 근로소득 간이지급명세서 제출(7월 31일, 1월 31일까지)
	• 1~12월 : 1년 동안 지급 내역 신고 • 근로소득 지급명세서 제출(다음 해 3월 10일까지)

　급여를 지급하는 회사에서는 위의 세 가지 신고 가운데 하나만 하는 것이 아니라 모두 신고합니다. 하나라도 빠뜨리면 안 됩니다. 빠뜨리면 가산세를 물어야 합니다.

　회사에서는 이렇게 인건비에 대한 신고를 하지 않으면 급여를 비용으로 인정받을 수 없기 때문에 세금을 많이 내야 하고, 의무불이행에 따른 가산세까지 물어야 합니다. 그래서 지급하는 인건비에 대한 신고를 철저하게 할 수밖에 없습니다.

　　이렇듯 근로자의 경우에는 회사에서 얼마를 지급했는지 철저하게 관리되어 국세청에 신고되므로, 국세청에서는 누구에게 얼마의 소득이 발생했는지 정확하게 파악할 수 있습니다.

1. 난로세와 창문세

[난로세]

중세시대인 1660년대 영국의 국왕 찰스 2세는 부족한 재정을 마련하기 위해 '난로세'를 시행했습니다. 집에 벽난로나 화로가 있는 경우에 과세를 한 것입니다.

빈부의 격차를 고려해서 징수한 것이 아니라 모두에게 동일한 금액의 세금을 부과했고, 세금징수원이 직접 납세자의 집에 들어가서 난로나 화로가 있는지 확인했기 때문에 반발이 심했다고 합니다.

당시 국민들은 난로세를 피하기 위해서 집에 있던 난로를 없애고, 집안에서 모닥불을 피우다가 사망하는 사고도 자주 발생했다고 합니다.

심한 반발에도 불구하고 30년 넘게 난로세가 유지되다가, 1690년대에 이르러 윌리엄 3세가 폐지했습니다.

[창문세]

위의 난로세는 1690년대에 들어서면서 사라지고, 난로세를 대체하기 위해 창문세를 도입합니다.

당시에는 유리를 대량 생산하는 기술이 없어서 창문을 많이 만들지 못했습니다.

그래서 창문이 많은 집은 부유하다는 인식이 있었다고 합니다. 또한 난로세와는 달리 창문은 집 안으로 들어가지 않고 밖에서 몇 개인지 셀 수가 있기 때문에, 징수하기도 편해서 약 150년 정도 유지가 되었다고 합니다.

그 당시 영국 국민들은 창문세를 내지 않기 위해 창문을 막아버리는 경우가 많았고, 신축건물에는 아예 창문을 만들지 않는 경우도 많았다고 합니다.

영국의 오래된 성 중에서 창문이 없다면, 대부분 이 시기에 지어졌다고 생각하면 됩니다.

요즘도 영국의 오래된 건물을 보면 창문이 있어야 할 자리에 창문이 없고, 벽돌로 막아놓은 모습이 보이는 경우가 있습니다.

[출처] 권홍우, 「난로와 창문에도 세금을?」, 서울경제, 2016. 5. 19.

Chapter 02

크리에이터와 세금

앞에서 설명했듯이 크리에이터도 국민의 한 사람으로서 당연히 납세의 의무가 있습니다.

납세의무를 구분하기 위해서 사업자를 과세사업자와 면세사업자로 나눌 수 있는데, 그 구분은 다음과 같습니다.

부가가치세 과세대상 사업을 영위하면	⇨ 과세사업자
부가가치세 면세대상 사업을 영위하면	⇨ 면세사업자

법인이 벌어들인 소득에 대해서는 법인세를 내고, 개인이 벌어들인 소득에 대해서는 소득세를 냅니다. 면세사업자는 소득세 또는 법인세에 대한 납세의무가 있고, 과세사업자는 소득세 또는 법인세 납세의무에 부가가치세 납세의무가 더해집니다. 그리고 직원을 두거나 인건비를 지출했다면 원천세 납세의무가 발생합니다.

과세사업자	소득세 또는 법인세, 원천세, 부가가치세
면세사업자	소득세 또는 법인세, 원천세

얼핏 보면 면세사업자의 경우 부가가치세 납세의무가 없기 때문에 면세사업자가 더 좋아 보이지만, 꼭 그렇지만은 않습니다. 부가가치세 납세의무에는 공제와 환급이라는 혜택이 따라오기 때문입니다.

이후에는 크리에이터들에게 어떤 수익이 발생하고, 그에 따른 납세 의무를 어떻게 이행하는지에 대해서 설명하겠습니다.

노란딱지

👁 공개	💲 사용	없음
👁 공개	💲 제한됨	광고 적합성

위에는 초록색으로 '사용'이라고 되어 있는데 이것이 초록색 딱지라고 해서 '초딱'이라 하고, 아래에는 노란색으로 '제한됨'이라고 되어 있는데 노란색 딱지라고 해서 '노딱'이라고 합니다.

노딱이 붙은 것은 옆에 표시된 대로 '광고 적합성'에 맞지 않아서 광고를 게재할 수 없게 된 것이고, 따라서 수익을 낼 수가 없게 됩니다. 주로 노딱이 붙는 이유는 다음과 같습니다.

1. 노출이나 폭력성 등 19금 영상인 경우
2. 정치적인 목적이 있다고 판단되는 경우
3. 혐오콘텐츠 또는 가짜뉴스의 가능성이 있는 경우 등

노딱은 유튜브의 인공지능이 자동으로 걸러내는 부분입니다.

노딱을 제거하려면 문제가 된다고 판단되는 부분을 수정하고 검토 요청을 해야 합니다. 전혀 문제 될 것이 없는데 노딱이 붙었다면, 그냥 검토요청을 해도 됩니다.

검토요청을 하면 담당자가 직접 영상을 확인해서 검토하는데, 보통 하루 정도가 걸린다고 합니다.

노딱이 붙었을 때 어떤 부분이 문제가 되는지 유튜브에서 알려 주지 않습니다. 초딱으로 바꾸고 싶을 때는 제목에 금지어가 있다면 이를 수정하고, 영상 중에 노출 등 곤란한 장면이 있다면 이를 삭제하는 등 알아서 스스로 조치를 취하고 검토요청을 하기 바랍니다.

1

유튜버에게는
어떤 수익이 있을까요?

> ・광고 수익　・PPL 수익　・슈퍼챗　・후원금　・강연

광고 수익

동영상을 시작하기 전에 또는 동영상을 재생하는 중간이나 재생한 후에 나타나는 광고 또는 배너 광고 수익을 말합니다. 다들 알다시피 유튜버들이 얻는 소득 중 대표적인 수익입니다.

유튜브 시청 페이지에 게재되는 광고 수익은 크리에이터 55% 유튜브 45%로 배분됩니다. Shorts는 크리에이터 45%가 배분됩니다. 광고 수익 분배를 받으려면 구독자 1,000명과 최근 12개월 공개시청 시간 4,000시간, 또는 최근 90일 Shorts 1,000만 회 요건을 충족해야 합니다. (참고 : 팬 펀딩 등 일부 기능은 구독자 500명 + 3개 업로드 + 3,000시간 또는 Shorts 300만 회 요건으로 먼저 신청할 수 있습니다)[6]

경우에 따라서는 구독자가 많고 누적 시청시간이 많아도 광고를 달지 못하는 경우가 있습니다. 영상 콘텐츠가 광고에 적합하지 않거나, 광고주들이 싫어하는 경우에는 광고가 붙지 않습니다. 노출이나 폭력성 등이 있는 경우에 많이 발생합니다.

이런 경우에는 구독과 가입을 통해서 시청자들로부터 월정액을 받고 해당 콘텐츠들을 볼 수 있도록 회원제로 수익을 창출하는 경우도 있습니다.

또한 영상에 사용된 음악이나 장면에 저작권에 걸리는 경우에는, 관련 수익이 원저작자에게 돌아가 버리므로 주의해야 합니다.

하지만 광고주는 한정되어 있고, 유튜버는 갈수록 증가하는 추세입니다. 한정된 자원을 수많은 유튜버들이 나누어야 한다는 겁니다. 따라서 개별 유튜버가 받는 광고 수익은 점차 감소할 거라 예상됩니다.

---

6) 구글 유튜브 도움말https://www.youtube.com/creators/partner-program/

유튜브 광고의 종류

1. 인스트림

인스트림 광고는 영상 재생 전이나 중간에 나타나는 광고를 말합니다. 건너뛰기 버튼이 있는 경우에는 광고를 건너뛸 수도 있지만, 건너뛰기가 없는 경우에는 광고를 시청해야 합니다.

광고영상이 30초 이상이면 30초 이상 시청 시 수익이 발생하고, 30초 미만인 경우에는 광고를 모두 시청하면 수익이 발생합니다. 또는 광고를 클릭해도 유튜버에게 수익이 발생합니다.

2. Shorts 피드 광고 수익

Shorts 피드 광고는 유튜브 Shorts 탭에서 쇼츠와 쇼츠 사이사이에 자동으로 삽입되는 광고를 말합니다. 시청자는 화면을 스와이프해 다음 영상으로 넘어가며, 특정 영상 앞·중간에 붙는 인스트림과 달리 '건너뛰기' 버튼보다는 피드 스크롤에 가까운 방식으로 노출이 지나갑니다. 수익은 개별 광고를 몇 초 봤는지, 클릭했는지로 바로 계산되지 않고, 한 달 동안 Shorts 피드에서 발생한 광고 및 Premium 수익을 국가별 '크리에이터 풀'에 모은 뒤 내 채널이 차지한 자격 있는 조회 비중만큼 배분됩니다. 음악을 사용한 경우에는 음원 라이선스 비용이 먼저 공제됩니다. Shorts로 광고 수익을 받으려면 YPP(파트너 프로그램) 가입과 Shorts 수익화 모듈 동의가 필요합니다.

3. 디스플레이

　디스플레이 광고는 추천 동영상 오른쪽과 동영상 추천 목록 상단
에 게재되는 광고입니다. PC에서만 표시되고, 휴대폰에서는 표시가
되지 않습니다.

4. 범퍼

　범퍼 광고는 건너뛸 수 없는 최대 6초짜리 동영상 광고를 말합니
다. 범퍼 광고를 설정하면 건너뛸 수 있는 인스트림 광고와 범퍼 광고
가 연달아 재생될 수 있습니다.

5. 쇼핑 태그(YouTube Shopping, 어필리에이트)

　영상에 등장한 제품을 태그하면 재생 화면 모서리에 '쇼핑' 버튼이
나타나거나, 동영상 페이지에 제품 목록(제품 선반)이 표시됩니다.
시청자가 버튼을 누르면 태그한 상품을 확인·구매할 수 있고, 어필리
에이트 자격 채널은 구매가 이루어질 때 커미션을 받을 수 있습니다.
이 표시는 모바일·PC 모두에서 지원되며, 유료 협찬·제공이 있는 경
우에는 영상 설정에서 '유료 프로모션 포함'을 표시해야 합니다.

　유튜버가 광고를 클릭할 것을 유도하는 것은 구글의 정책을 위반
하는 것이므로, 구글로부터 제재를 받을 수 있습니다.

PPL 수익

앞에서도 언급했듯이 유튜버의 경우, 요즘은 광고 수익보다 PPL 수익이 더 많은 것으로 알려져 있습니다. PPL은 과거에 사회적으로 큰 이슈가 되었던 뒷광고와 관련이 있는 수익원입니다.

크리에이터가 실제로 사용하면서 느낀 장점과 단점 등을 정리하여 소개하기도 하고 또는 일상에서 사용하는 것처럼 편안하게 소개하기도 합니다.

일반적으로 크리에이터들은 본인의 명예와 신뢰도가 수익과 직결되기 때문에 PPL도 아무거나 하지 않습니다. 본인의 관심분야에서 만족스러운 것을 하거나 또는 본인이 생활하면서 느낀 것을 솔직하게 방송하려고 합니다.

이러한 크리에이터들의 성향과 상대적으로 저렴한 광고비 등을 이유로, 광고주들은 유튜브 등을 이용한 PPL 광고를 선호하는 분위기가 있습니다.

슈퍼챗 및 슈퍼스티커

시청자가 유튜브 생방송을 보다가 유튜버에게 직접 수익을 지급할 수 있는 기능입니다.

방송 중에 시청자가 슈퍼챗을 쏘면 일반 채팅에 비해서 강조되어 표시되고, 유튜버에게 일정한 수익이 돌아가는 형태로 운영됩니다. 슈퍼챗은 시청자의 혜택보다는 유튜버에게 지급하는 후원금의 성격입니다.

그런데 슈퍼챗의 수수료가 높은 편이라서 유튜브와 카카오TV 등으로 동시 송출하는 경우, 수수료가 저렴한 카카오TV의 쿠키를 사서 쏘는 경우가 많습니다.

향후 전통적인 유튜브 광고 수익보다는 PPL이나 슈퍼챗 수익이 유튜버 수익 중에서 점점 더 높은 비중을 차지할 것이라 생각됩니다.

기타 수익

채널 멤버십	구독자 3만 명이 넘으면 유튜브에 채널 멤버십을 신청할 수 있습니다. 멤버십에 가입하는 사람은 월정액을 내고 그에 따른 혜택을 누릴 수 있고, 유튜버는 멤버들로부터 매달 수익을 벌어들일 수 있습니다.
유튜브 프리미엄 수익	유튜브에 월정액을 지불하는 프리미엄 회원이 시청하는 영상에는 광고가 나타나지 않습니다. 따라서 좋아하는 유튜버에게 광고 수익이 돌아가지는 않지만, 프리미엄 회원이 유튜브에 지불하는 월정액 중에서 일부가 유튜버에게 배분됩니다. 일반 시청자보다 프리미엄 시청자가 유튜버에게 배분하는 수익이 더 큰 것으로 알려져 있습니다.
후원금	선정성 및 폭력성이 있다거나, 편향된 정치 이슈를 다루는 경우 등 유튜브의 정책에 어긋나는 콘텐츠를 주로 다루는 경우에는 광고를 게재할 수 없는 노란딱지가 붙는 경우가 있습니다. 이렇게 되면 해당 동영상에서 수익이 발생하지 않기 때문에, 유튜버는 계좌를 통해서 후원금을 받기도 합니다.
강연	각 분야의 유명 유튜브의 경우, 유튜브를 통해서 강연을 의뢰받고 강연수익이 발생하는 경우도 많이 있습니다.

2. 방귀세

방귀 때문에 세금을 부과하는 나라가 있습니다. 인간의 방귀가 아니라 소의 방귀를 말합니다. 소의 방귀에 포함되어 있는 메탄가스가 지구온난화의 원인 중 하나로 지목되고 있기 때문입니다.

소 한 마리가 1년간 뀌는 방귀의 양은 약 3톤 정도라고 합니다. 지구상에 약 15억 마리의 소가 살고 있다고 하니까 1년에 약 45억 톤의 방귀를 뀌는 셈입니다. 그런데 소의 방귀에 포함되어 있는 메탄가스는 열을 붙잡는 힘이 이산화탄소보다 28배나 강하다고 합니다.

단지 소뿐만 아니라 되새김질을 하는 동물인 양, 염소, 사슴, 낙타 등의 방귀에서도 메탄가스가 발생하는데, 이 동물들을 모두 합하면 대략 30억 마리 이상이라고 합니다.

2006년 유엔식량농업기구(FAO)는 축산입을 기후변화의 최대 원인 중 하나라고 발표한 적이 있을 정도입니다. 또한, 2013년 유엔은 인간이 배출하는 온실가스의 14.5%가 소나 염소 등 가축에 의한 것이라고 발표했습니다.

상황이 이렇다 보니 몇몇 나라에서 해결책을 논의하기 시작했습니다. 미국의 캘리포니아에서는 2017년부터 가축에서 발생하는 메탄가스를 에너지로 전환하는 사업을 하고 있습니다.

　　아일랜드에서는 소 한 마리당 18달러, 덴마크에서는 소 한 마리당 110달러를 방귀세로 부과하고 있다고 합니다.

　　소와 돼지 등 붉은 육류 1kg을 소비하면서 발생하는 온실가스를 이산화탄소의 양으로 환산하면 소는 27kg, 돼지는 12.1kg, 닭은 6.9kg이라고 합니다. 소나 돼지보다는 닭이 훨씬 착한 소비가 될 것 같습니다.

[출처] 김영호,「소야, 방귀 뀌었지? 낙농국가 웃지 못할 방귀세」,
　　　　매일신문, 2020. 2. 10.

2

SOOP 스트리머의 주요 수익 구조

> • 별풍선 • 구독 • 애드벌룬 • 광고 • 기타

별풍선(팬 후원)

SOOP(구, 아프리카TV)에서 활동하는 스트리머의 주 수입원은 별풍선입니다. 다음과 같이 별풍선 10개에 1,100원 정도 합니다.

방송 시 시청자가 스트리머에게 별풍선을 쏘면, 별풍선을 받은 스트리머는 환전수수료를 지불하고 수익으로 가져가게 됩니다.

별풍선 500개부터 환전이 가능한데, 환전수수료는 차등 적용됩니다.

구독

시청자가 구독하면 월 구독료의 70%가 스트리머에게 돌아간다고 하는데, 스트리머들의 수익에서 구독 비중은 상대적으로 크지 않은 편입니다.

애드벌룬 및 아프리카 광고

애드벌룬	방송 중에 풍선이 나타나는 경우가 있는데, 일종의 배너광고 같은 것입니다. 이것을 클릭하면 스트리머에게 수익이 돌아가는 구조입니다. 실시간 방송이기 때문에 애드벌룬이 방송에 방해가 되기도 합니다.
플랫폼 광고	SOOP에서 삽입하는 영상 광고나 배너 광고를 통해 발생하는 수익으로, 플랫폼과 스트리머가 일정 비율로 분배합니다.

그 외에 유튜버와 비슷하게 PPL이나 후원금이나 강연 등으로 인한 수입이 있습니다.

또한, 방송 종료 후 녹화본을 유튜브 등 외부 플랫폼에 업로드하여 2차 수익을 얻는 경우도 많습니다.

3. 비만세와 설탕세

비만은 전 세계적인 문제가 되고 있습니다. 이 때문에 세계 각국에서는 설탕이 들어간 가당음료에 대해서 세금을 부과하는 일명 '설탕세' 또는 패스트푸드 등에 과세하는 일명 '비만세'를 이미 도입하였거나 도입하는 것을 고려하고 있습니다.

가장 오래된 설탕세는 1922년 노르웨이에서 시작되었습니다. 현재 설탕세를 부과하는 주요 국가는 다음과 같습니다.

- 유럽 : 노르웨이, 헝가리, 핀란드, 프랑스, 영국, 아일랜드, 이탈리아
- 아시아 : 태국, 필리핀, 말레이시아
- 북·남미 : 미국(버클리, 필라델피아 등), 멕시코, 칠레, 남아프리카

위의 국가들 중에서 칠레의 설탕세가 가장 크게 성공했다고 합니다. 칠레는 2014년 가당음료 과세제도를 도입했고, 제도를 시행하고 1년 후 가당음료 소비량이 21.6%나 감소했다고 합니다.

반면에, 덴마크는 정크푸드에 부과하는 비만세를 2011년 도입하고 1년 만에 폐지했습니다. 비만세를 도입했더니 국민들이 인접국가로 가서 식품을 구입해 오는 부작용이 생겼기 때문이라고 합니다.

비만을 줄이기 위해서는 세금보다 국민 개인의 의지와 절실함이 필요할 것입니다.

[출처]

- 송민경, 「외국입법 동향과 분석 제28호, 설탕세 과세동향과 시사점」 국회입법조사처, 2020. 2. 19,
- 박상준, 「설탕세 도입하면 비만 막을 수 있을까?」, 메디컬업저버, 2018. 9. 11.
- 이성규, 「비만세 도입하는 국가 늘어난다」, 사이언스타임즈, 2016. 10. 11.

3

크리에이터는
사업자이다

유튜버와 스트리머 등 크리에이터는 세법상 사업자에 해당됩니다. 우리 주변의 사업자들은 식당 주인, PC방 주인, 빵집 주인 등 동네 가게 사장님 같이 사업을 하는 분들이 모두 사업자에 해당됩니다.

크리에이터는 세법상 사업자이므로, 법적으로 하나의 사업을 운영하는 사람에 해당되는 것입니다.

국세청에서는 1인 미디어 창작자, 즉 크리에이터에 대해서 다음과 같이 설명하고 있습니다.

1인 미디어 창작자란, 인터넷·모바일 기반의 미디어 플랫폼 환경에서 다양한 주제의 영상 콘텐츠를 제작하고 이를 다수의 시청자와 공유하여 수익을 창출하는 신종 직업을 의미합니다.

[예시] 유튜브, SOOP(구, 아프리카TV), 트위치 등에 영상을 공유하는 유튜버, 크리에이터, 스트리머 등

[출처] 국세청 홈페이지 : 신종업종 세무안내(1인 미디어 창작자)

부가가치세법 제2조 제3호에서는 사업자를 다음과 같이 정의하고 있습니다.

"사업자"란 사업목적이 영리이든 비영리이든 관계없이 사업상 독립적으로 재화 또는 용역을 공급하는 자를 말한다.

- 여기서 재화는 상품 등 물건, 용역은 서비스라고 이해하면 정확하지는 않지만 거의 맞습니다.
- '독점규제 및 공정거래에 관한 법률' 제2조 제1호에서는 사업자에 대해서 "사업자라 함은 제조업, 서비스업, 기타 사업을 행하는 자를 말한다. 사업자의 이익을 위한 행위를 하는 임원·종업원·대리인 기타의 자는 사업자단체에 관한 규정의 적용에 있어서는 이를 사업자로 본다."라고 규정하고 있습니다.
- 크리에이터에 대해서는 부가가치세법의 사업자에 대한 정의를 따르는 것이 맞습니다.

또한 소득세법 제19조 제1항에서 사업소득의 종류를 제1호부터 제20호까지 20가지로 열거한 후에 제21호에 "위와 유사한 소득으로서 영리를 목적으로 자기의 계산과 책임하에 계속적·반복적으로 행하는 활동을 통하여 얻는 소득"을 사업소득에 포함시키고 있습니다.

크리에이터 활동은 경우에 따라 영리 목적일 수도 있고 비영리 목적일 수도 있지만, 대체로 독립적이고 계속적·반복적으로 용역을 공급하는 행위에 해당합니다. 따라서 많은 크리에이터들에게 발생하는 수익은 세법상 사업소득으로 분류됩니다.

이 때문에 크리에이터는 소득이 발생하는 경우 세법상 사업자로서 납세의무를 이행해야 합니다.

사업자에는 개인사업자와 법인사업자가 있습니다. 절대다수의 크리에이터들이 시작할 때는 개인사업자로 시작하고, 수익이 커지면서 세금문제 또는 관리문제 등으로 인하여 법인사업자로의 전환을 고려합니다.

이후에는 크리에이터가 사업자로서 어떤 납세의무를 어떻게 이행해야 하는지 살펴보겠습니다.

브랜드 계정

유튜브에는 개인계정과 브랜드 계정이 있습니다. 개인계정은 유튜버 자신의 이름으로 자신의 정보를 노출시키면서 운영하는 계정이고, 브랜드 계정은 자신의 정보를 노출시키지 않으면서 다양한 채널명으로 활동할 수 있는 계정입니다.

처음에 개인계정으로 시작하고, 추후 구독자가 많아지면 브랜드계정으로 바꾸겠다는 분들이 있지만 그리 좋은 생각은 아닙니다.

추후 브랜드 계정으로 이관하는 작업이 만만치 않고, 개인계정의 댓글은 브랜드 계정으로 옮겨지지가 않습니다. 그리고 개인계정은 개인정보의 노출이 있을 수 있으므로 권장하지 않습니다.

개인계정에 비해 브랜드 계정의 좋은 점은 다음과 같이 요약할 수 있습니다.

1. 채널명을 다양하고 손쉽게 바꿀 수 있다.
2. 관리자를 쉽게 추가할 수 있다.
3. 개인정보의 노출 없이 사용할 수 있다.
4. 개인계정에서 브랜드 계정으로 이관할 때 번거롭고, 이관한다 해도 댓글은 옮겨지지 않는다.

따라서 처음 시작할 때부터 브랜드 계정으로 시작하는 것이 좋습니다. 브랜드 계정을 만드는 것은 전혀 어렵지 않습니다. 다음 순서로 하면 간단히 만들 수 있습니다.

1. 유튜브 접속하여 로그인
2. 우측 상단에 보이는 자신의 프로필 클릭
3. 하단의 '설정' 클릭
4. 계정에서 화면 가운데 파란글씨 '새 채널 만들기' 클릭
5. 중간 박스에 브랜드 계정 이름 타이핑하고 '만들기' 클릭

4. 수염세

[영국]

1535년 영국의 헨리 8세는 수염을 기르는 이에게 세금을 부과했다고 합니다. 당시 수염은 단순히 외모를 돋보이게 하는 수단이 아니라, 신분과 지위의 상징이었습니다.

모든 남성 귀족들은 수염을 길렀고, 귀족들의 지위에 따라 누진세율을 적용하여 수염세를 부과했습니다. 그 후 그의 딸 엘리자베스 1세는 2주 이상 수염을 기른 모든 이들에게 세금을 부과했다고 합니다.

[러시아]

러시아에서도 수염세가 있었습니다. 개혁정책을 추진했던 러시아 로마노프 왕조의 표트르 1세는 영국과 네덜란드 등 서유럽의 선진기술을 도입하면서 실리적이고 과학적인 것에 관심을 가졌습니다.

문화와 유행도 서유럽식을 좋아해서 여성들에게는 무도회에 나올 때 짧은 치마를 입게 하고, 남성들에게는 수염을 자르도록 했습니다. 하지만 남성들은 수염을 자르는 것을 불경스럽고 모욕적인 것으로 생각해서 반발이 심했습니다. 이때 재정적인 어려움이 겹치면서 표트르 1세는 수염세를 시행하게 됩니다. 1705년의 일입니다. 자신의 개혁정치에 반대하는 사람들에 대한 일종의 징벌적인 성격도 있었습니다.

표트르 1세는 러시아의 근대화를 촉진한 개혁군주이면서, 권력을 이용한 억압과 탄압의 주범이므로 폭군이라는 평가도 있습니다.

아무튼, 이 수염세가 시행된 지 7년 만에 러시아 주류 남성들의 턱수염은 자취를 감췄다고 합니다.

[출처]
• 최윤필, 「기억할 오늘, 차르 표트르의 수염세」, 한국일보, 2018. 9. 5.
• 전병호, 「수염 속에 들어있는 세금정책」, 오마이뉴스, 2014. 7. 24.

4

크리에이터는
어떤 세금을 내야 하나요?

　어떤 사업자 유형인지에 따라 내야 하는 세금이 달라집니다. 우선 사업자의 종류를 살펴보겠습니다.

　크리에이터는 개인사업자일 수도 있고, 법인사업자일 수도 있습니다. 또한 과세사업자일 수도 있고, 면세사업자일 수도 있습니다.

　개인사업자 중에서 과세사업자는 일반과세자와 간이과세자로 나눌 수 있습니다. 매출이 크면 일반과세자, 매출이 기준금액 미만이면 간이과세자입니다. 법인사업자의 경우에는 매출이 아무리 작아도 간이과세자가 될 수 없습니다. 법인은 일반과세자만 가능합니다.

과세사업자와 면세사업자의 차이는 부가가치세 과세대상 사업을 하는지 아닌지입니다. 과세사업자는 부가가치세 신고를 하고, 면세사업자는 부가가치세 신고를 하지 않습니다.

복잡해 보이기는 하지만, 그렇게 복잡하지는 않습니다. 다음과 같이 분류될 수 있습니다.

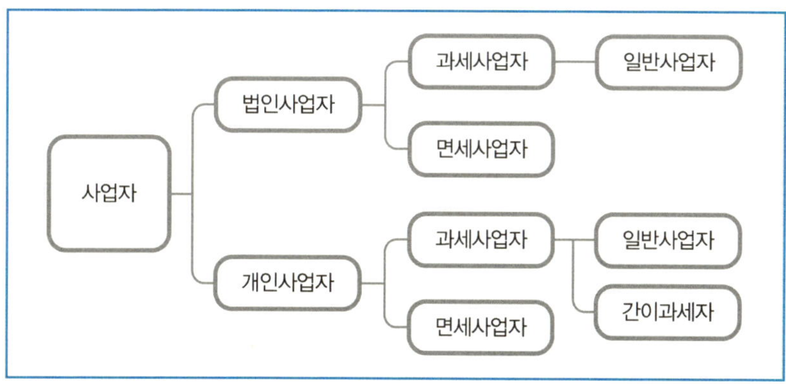

유튜버는 '영세율사업자'라고 하는데, 여기는 영세율사업자라는 말이 나오지 않습니다.

영세율사업자는 과세사업자 중에서 수출 등 외화를 획득하는 사업을 하는 사업자를 말합니다. 유튜버의 수익은 외국에서 유튜버의 통장에 직접 달러로 입금되기 때문에 외화를 획득하는 사업에 해당되므로 영세율사업자가 되는 것입니다.

영세율사업자는 과세사업자이므로 과세사업자의 분류를 따르고, 일반 과세사업자와 동일한 부가가치세 신고의무를 이행해야 합니다. 다만, 영세율이 적용되므로 납부할 세액이 없고, 환급받는 경우가 있다는 것이 보통의 과세사업자와 다른 부분입니다.

과세사업자와 면세사업자의 구분

앞에서 언급했듯이 과세사업자는 부가가치세 신고를 해야 하고, 면세사업자는 부가가치세 신고를 하지 않아도 됩니다. 세금 목적으로는 면세사업자보다 과세사업자가 더 유리하다고 볼 수 있습니다.

왜냐하면 과세사업자는 비용지출액 또는 장비구입액에 포함되어 있는 10%의 부가가치세를 공제 또는 환급받을 수 있기 때문입니다.

국세청에서는 유튜버가 사업자등록을 할 때, 과세사업자와 면세사업자 중 어떤 것을 선택해야 하는지에 대해서 다음과 같이 구분하고 있습니다.

과세사업자	1인 미디어 창작자가 인적 고용관계 또는 별도의 사업장 등 물적시설을 갖추고 다양한 콘텐츠의 영상을 영상 플랫폼에 공급하면서 수익이 발생하는 경우
면세사업자	1인 미디어 창작자가 독립된 자격으로 근로자를 고용하지 아니하고 물적시설 없이 다양한 콘텐츠의 영상을 영상 플랫폼에 공급하면서 수익이 발생하는 경우

이를 요약하자면, 인적 고용관계 또는 별도의 사업장 등 물적시설을

갖추고 활동하는 경우에는 과세사업자이고, 근로자를 고용하지 않고 물적설비도 없다면 면세사업자라는 이야기입니다.

그렇다면 인적 고용관계와 물적시설은 무엇을 말하는 것일까요? 그 정의는 다음과 같습니다.

인적고용관계	시나리오 작성자나 영상 편집자 등을 고용한 경우
물적시설	전문적인 촬영 장비를 보유한 경우, 별도의 방송용 스튜디오를 갖춘 경우 등

부가가치세법 시행규칙 제29조에는 물적시설의 범위에 대해서 다음과 같이 설명하고 있습니다.

부가가치세법 시행규칙 제29조 [물적시설의 범위]
계속적, 반복적으로 사업에만 이용되는 건축물·기계장치 등의 사업설비(임차한 것을 포함)를 말한다.

과세사업자는 종합소득세와 부가가치세 신고의무가 있고, 면세사업자는 부가가치세 신고의무는 없고 종합소득세(법인은 법인세) 신고의무가 있습니다. 단, 면세사업자는 부가가치세 신고의무가 없는 대신에 면세사업장 현황 신고를 해야 합니다.

MCN 소속이 아닌 일반 유튜버의 경우 신고의무를 정리하면 다음
과 같습니다.

구분	신고의무
과세사업자	종합소득세(연 1회), 부가가치세(연 2회)
면세사업자	종합소득세(연 1회), 면세사업장 현황 신고(연 1회)

• 개인사업자가 아니고 법인사업자라면 종합소득세 대신에 법인세
를 1년에 한 번 신고하고, 부가가치세를 3개월에 한 번씩 1년에 4번
신고해야 합니다.

• 과세사업자 중에서 간이과세자는 부가가치세 신고를 연 1회 합니다.

만약 인건비를 지출한다면 지출할 때 원천징수를 하고 지출한 달의
다음 달 10일까지 원천징수이행상황신고서를 제출해야 하고, 추후 지
급명세서 등 제출의무가 있습니다.

인건비 지출에 대한 신고는 과세사업자든 면세사업자든 상관없이
해야 합니다. 여기에 대해서는 '원천세 신고'에서 자세히 살펴보겠습
니다.

간이과세자

간이과세자는 연 매출 1억 400만 원 미만인 과세사업자 중에서 개인사업자가 해당됩니다. 따라서 법인사업자는 아무리 매출이 적어도 간이과세자가 될 수 없습니다.

2020년까지는 연 매출 4,800만 원 미만인 개인사업자가 간이과세자에 해당될 수 있었는데, 2021년부터는 8,000만 원으로, 2023년부터는 1억 400만 원으로 기준금액이 개정되었습니다.

간이과세자 중에서 연 매출 4,800만 원 미만인 사업자는 부가가치세 납부의무가 면제되는데, 납부의무가 면제될 뿐 신고의무가 면제되는 것이 아니므로 납부하지 않더라도 신고는 해야 합니다. 또한 연 매출 4,800만 원 미만인 간이과세자는 세금계산서를 발급할 수 없고, 영세율 환급을 받을 수도 없습니다.

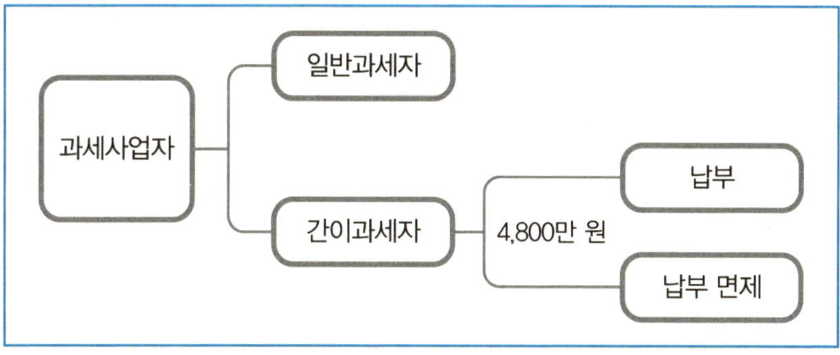

간이과세자는 혜택이 있는 만큼 불이익도 있는데, 혜택이 조금 더 많다고 보면 됩니다. 세법에서는 간이과세자를 영세한 사업자로 판단

해서 세무사비용 등 납세협력비용이나 세금부담 등을 줄여주는 정책으로 혜택을 주고 있습니다.

업종이나 지역에 따라서는 매출이 적어도 간이과세자가 될 수 없는 경우가 있는데, 크리에이터는 해당사항이 없으니 연 매출 1억 400만 원이라는 금액기준을 충족하는 개인사업자는 간이과세자에 해당됩니다.

기준금액이 충족되더라도 사업자등록을 할 때 간이과세자로 할지 일반과세자로 할지 선택할 수 있습니다. 사업자등록 시 초기부터 매출이 클 것으로 예상된다면 일반과세자로 등록하고, 그렇지 않다면 간이과세자로 등록하는 것이 원칙입니다.

실무적으로 예상매출액을 고려하기보다는 사업자등록을 할 때 매입비용이 많거나 비싼 촬영장 등을 임차하는 경우에는 부가가치세 환급을 받기 위해서 일반과세자로 등록하는 것이 좋고, 그렇지 않다면 간이과세자가 좋습니다.

'매출이 클 것으로 예상하고 일반과세자로 등록신청 했다가 예상 외로 매출이 나오지 않는다면 벌금이라도 있는 거 아닌가?'라는 걱정은 안 해도 됩니다.

매출이 기준금액보다 낮은 경우에는 사업자등록하고 1년쯤 지난 후에 세무서에서 간이과세자로 바뀐다고 연락이 옵니다. 간이과세자로 바꾸기 싫으면 간이과세 포기신고를 하면 됩니다.

일반과세자에서 간이과세자로 바뀔 때는 과거에 환급받은 부가가치세를 다시 납부해야 하는 경우가 있으니 세무사와 상의하기 바랍니다.

반대로 매출이 적을 것으로 예상해서 간이과세자로 등록했는데, 의외로 1억 400만 원을 넘는 매출이 발생하는 경우에도 걱정할 필요가 없습니다. 일단 등록한 연도에는 간이과세를 적용받다가 매출이 기준 금액보다 큰 것이 확인된 이후에 세무서에서 일반과세자로 전환한다는 연락이 옵니다. 전환되더라도 불이익은 없습니다.

사업자에 따라서는 간이과세자가 되면 환급을 못 받고, 사업이 너무 안되는 것 같기도 하고, 세금계산서를 발급할 수 없으니 불편하기도 해서 간이과세자가 되는 것을 싫어하는 경우도 있습니다. 이런 경우에는 간이과세자를 포기할 수도 있습니다. 그런데 한번 포기하면 향후 3년간 간이과세를 적용받을 수 없습니다.

간이과세자의 특징을 요약하면 다음과 같습니다.

> - 연 매출 4,800만 원 미만 부가가치세 납부세액 없음.
> - 연 매출 4,800만 원 미만 세금계산서 발급할 수 없음(세금계산서를 발급할 수 없으므로 세금계산서 관련 가산세 없음).
> - 부가가치세 신고 1년에 1회
> - 부가가치세 환급을 받을 수 없음.
> - 간이과세를 포기하고 일반과세자로 전환할 수 있음(간이과세 포기 후 간이과세자로 다시 돌아오려면 3년이 지나야 함).

스트리머 또는 MCN 소속 유튜버

MCN 소속으로만 활동하는 유튜버 또는 SOOP(구, 아프리카TV) 스트리머의 경우에는, SOOP 또는 MCN으로부터 3.3% 원천징수 후 수익을 지급받습니다.

이런 경우에는 사업자등록을 따로 할 필요가 없습니다. 인적용역을 제공한 것으로 보아 사업자등록 없이 종합소득세 신고를 할 수 있기 때문입니다.

이런 분들은 부가가치세법상 사업자가 아니므로 부가가치세 신고의무가 없습니다. 또한 면세사업자들이 하는 사업장 현황 신고의무도 없습니다. 단지, 5월에 하는 종합소득세 신고의무만 있을 뿐입니다.

앞의 내용을 정리하면 다음과 같습니다.

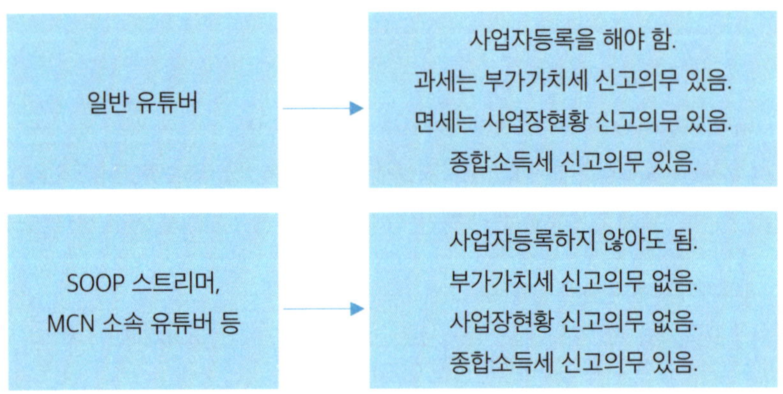

단, 사업자등록을 하지 않으면 부가가치세법상 매입세액공제를 받을 수 없기 때문에 장비구입비 등 비용 지출액의 10%에 대한 세금공제를 받지 못합니다. 또한 방송을 하면서 게스트를 초대하고 출연료를 지급하는 등 인건비가 지출되는 경우에는 인건비 신고를 하는 것이 번거로운 경우도 있습니다.

MCN 소속이 아닌 일반 유튜버로서 과세사업자로 사업자등록을 한다면, 이러한 문제들이 해결될 수 있습니다.

요즘은 스트리머 활동만 하는 것이 아니라 SOOP 영상을 유튜브에 게시하면서 유튜버 활동을 병행하는 경우가 많은데, 이런 분들은 사업자등록을 할 것이므로 이러한 문제가 자연스럽게 해결될 것입니다.

물론 이런 내용에 의문이 생기면 인터넷을 검색해 혼자 해결하려 하기보다는 전문가인 세무사와 상담하기 바랍니다. 무료로 세무상담을 할 수 있는 곳은 생각보다 많습니다.

세무상담 받는 법

어떤 문제에 대해서 의문이 생길 때 우리는 먼저 인터넷을 검색하는 경우가 많습니다. 세금문제도 마찬가지입니다. 간단하고 원칙적인 상황에서는 인터넷 검색으로 해결할 수 있지만, 그렇지 않은 경우에는 인터넷 검색으로 해결해서는 안 됩니다.

그런데 전문가가 아닌 이상 나한테 일어난 세금문제가 간단하고 원칙적인 일인지 아닌지를 판단하기 어렵습니다.

일단, 인터넷 검색으로 원론적인 내용에 대해서 사전지식을 갖춘 후 전문가와 상담한다면 좀 더 나은 상담을 할 수 있을 것입니다.

세무서에서 어떤 통지서를 받았다든지, 갑자기 조회 수가 폭증해서 예상치 못한 큰 소득이 발생했다든지, 세무서 공무원한테 전화가 와서 세무서에 출석하라는 통지를 받았다든지 등등 우리는 살아가면서 인생에 한두 번은 세금문제로 고민하는 경우가 발생할 수 있습니다.

이럴 때는 다음 순서로 대응하는 것이 좋습니다.

1. 인터넷 검색으로 원론적인 내용을 익힌다.
2. 무료상담으로 구체적인 내용을 확인한다.
3. 구체적인 세액이나 난해한 세금문제는 세무사와 직접 상담한다.

다음 '정보'에서 무료로 세무상담을 받을 수 있는 곳을 정리했습니다.

단, 구체적인 세액을 계산해야 한다거나 복잡하고 난해한 세금문제가 발생했을 때는 근처에 있는 세무사사무실 또는 세무법인에 전화해서 세무사와 상담예약을 한 후 상담료를 지불하고 상담을 받는 것이 좋습니다.

무료 세무상담 가능한 곳

[국세청 국세상담센터 : 국번 없이 126]

국세에 대해서 의문점이 생기는 경우, 국세청에서 운영하는 무료 상담을 이용하면 됩니다. 이곳으로 전화하면 해당 세목을 담당하는 국세청 공무원과 상담이 가능합니다.

단, 국세의 경우에만 상담할 수 있습니다. 대표적인 국세는 법인세, 소득세, 부가가치세, 상속세, 증여세, 종합부동산세 등입니다. 취득세, 재산세, 주민세 등은 지방세이므로 이곳에서 상담할 수 없습니다.

[한국세무사회 상담실 : 02-587-3572]

이곳에 전화하면 현직 세무사가 직접 전화를 받습니다. 따라서 위의 국세상담센터보다 좀 더 전문적이고 포괄적인 상담이 가능합니다.

단, 이곳은 세무사들이 무료로 봉사하는 곳이므로 전화 받는 인원이 적어서 전화가 많을 때는 연결이 안 되는 경우도 있습니다. 상담전화를 걸기 전에 한국세무사회 홈페이지를 확인하기 바랍니다.

[세무서 민원실]

지역마다 있는 세무서의 민원실에는 정해진 날짜와 시간에 세무사가 무료로 세무상담을 해 주는 경우가 많이 있습니다. 근처에 있는 세무서에 미리 전화해서 확인하고 상담하기 바랍니다.

[한국세무사회 홈페이지(www.kacpta.or.kr) :

무료세무상담 게시판]

이곳에 질문하면 상담위원으로 위촉된 세무사들이 답변을 해 줍니다.

[네이버 지식인 : [QnA] → [경제] → [세금·세무]]

이곳에 질문하면 네이버와 제휴를 맺은 세무사들이 답변을 해 줍니다.

[세무서 및 구청 등]

국세는 각 지역의 세무서, 지방세는 구청 등 홈페이지에 세목별 담당 공무원의 전화번호가 있습니다. 그곳에 전화하면 상담이 가능합니다.

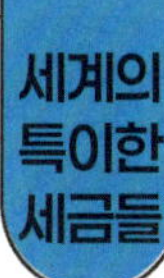

5. 이혼세

결혼과 이혼은 인생에서 정말 어려운 결정입니다. 이혼은 재산분할, 위자료, 자녀 양육 문제 등 복잡한 일이 많은 이유로 결혼하는 것보다 이혼하는 것이 더 어렵다는 이야기도 있고, 이혼 후의 삶이 더 힘들다는 분들도 있고, 또 어떤 사람은 이혼 후 스트레스요인이 없어져서 사는 맛이 난다는 분들도 있습니다.

우리나라 2024년 통계를 보면 혼인 건수가 222,000건으로 전년 대비 14.8% 증가하여 통계 작성 이래 최대 증가율을 기록했습니다. 반면, 이혼 건수는 91,000건으로 전년 대비 1.3% 감소 했습니다.

혼인 지속 기간별로 보면 5~9년이 전체 이혼의 18.0%로 가장 많고, 4년 이하(16.7%), 30년 이상(16.6%) 순으로 나타났습니다. 혼인 20년 이상 유지한 부부의 이른바 '황혼이혼'이 전체 이혼의 35% 이상을 차지하고 있습니다.

외국인과의 혼인은 2024년에 21,000건으로 전년 대비 5.3% 증가했으며, 이는 전체 혼인 건수의 약 9.5%에 해당합니다. 외국인과 결혼하는 건수의 상당 부분은 한국인 남성과 외국인 여성의 결혼입니다.

한편, 호주에서는 결혼한 부부의 약 40%가 이혼한다고 하는데, 이혼할 때 이혼수수료를 내야 한다고 합니다. 이것이 사실상 이혼세가 아니냐는 논란이 있습니다.

　과거에는 이혼수수료를 원화로 약 75만 원을 지불했는데, 2015년부터 이혼수수료를 대폭 상승시켜서 원화로 약 106만 원을 지불해야 한다고 합니다.

[출처]
- 통계청, 「2024년 혼인·이혼 통계」, 2025. 3. 20.
- 김기성, 「이혼세 도입하나? 호주 수수료 대폭 인상에 거센 반발」, 연합뉴스, 2015. 5. 15.

5

세금신고는 언제 하나요?

부가가치세

개인사업자는 부가가치세를 6개월씩 나누어서 연 2회 신고합니다. 1월부터 6월까지는 제1기 과세기간, 7월부터 12월까지는 제2기 과세기간이라고 합니다.

1기 과세기간의 부가가치세는 7월 25일까지, 2기 과세기간의 부가가치세는 다음 해 1월 25일까지 신고하고 납부할 세액이 있다면 납부까지 합니다. 유튜버는 영세율사업자에 해당되므로, 국내 매출이 없다면 납부할 세금은 없습니다.

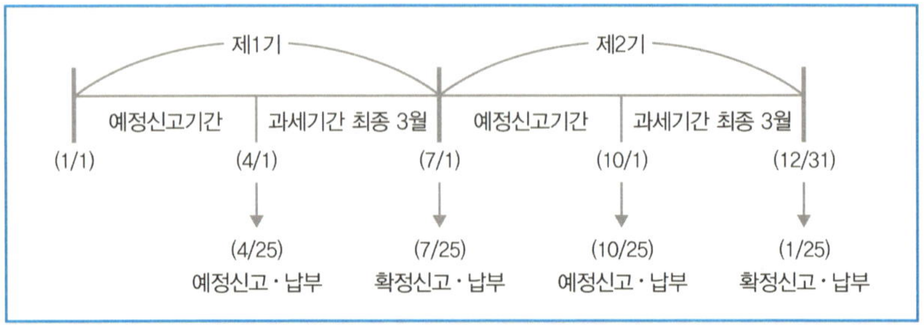

제1기 과세기간 중 1~3월은 예정신고기간, 4~6월은 과세기간 최종 3월인데, 보통 확정신고기간이라고 합니다.

제2기 과세기간도 3개월씩 잘라서 7~9월을 예정신고기간, 10~12월을 확정신고기간이라고 합니다.

예정신고기간의 부가가치세는 세무서에서 전기에 납부한 금액의 절반 정도를 납부하라고 고지할 때도 있고, 그 금액이 적은 경우에는 그냥 넘어가는 경우도 있습니다.

경우에 따라서는 사업자의 선택에 따라 신고를 할 수도 있습니다만, 사업이 너무 안될 때를 제외하고는 잘 하지 않습니다. 그래서 확정신고기간에만 부가가치세 신고를 하면 됩니다.

지금까지 일반과세자에 대한 설명이었습니다. 간이과세자는 다릅니다. 간이과세자는 1년간 매출이 8천만 원 미만인 사업자가 해당됩니다.

간이과세자의 부가가치세 신고기간은 1년입니다. 1월 1일부터 12월 31일까지 신고내용을 다음 해 1월 25일까지 신고합니다. 1년에 한

번 신고하는 것입니다.

간이과세자의 매출액이 4,800만 원 미만인 경우에는 부가가치세 납세의무가 면제됩니다. 부가가치세를 내지 않아도 된다는 것인데, 그래도 신고는 해야 합니다. 일반과세자는 매출액이 적어도 납부가 면제되지 않습니다.

부가가치세 과세기간과 신고기한을 요약하면 다음과 같습니다.

구분		기간	신고기한	내용
제1기	예정	1~3월	4월 25일까지	세무서 고지
	확정	4~6월	7월 25일까지	사업자 신고
제2기	예정	7~9월	10월 25일까지	세무서 고지
	확정	10~12월	1월 25일까지	사업자 신고

- 간이과세자는 1~12월까지의 내용을 다음 해 1월 25일까지 신고·납부
- 폐업할 때는 폐업하는 달의 다음 달 25일까지 부가가치세 신고·납부

만약, 부가가치세 과세기간 중에 사업을 시작하거나 폐업하는 경우에는 다음과 같이 과세기간을 정합니다.

구분	부가가치세 과세기간
신규사업자	사업개시일부터 과세기간 종료일까지 (사업개시일부터 6월 30일 또는 12월 31일까지)
폐업자	과세기간의 개시일부터 폐업일까지 (1월 1일 또는 7월 1일부터 폐업일까지)

종합소득세

종합소득세는 1월부터 12월까지의 종합소득을 합산해서 다음 해 5월 31일까지 신고하고 납부합니다.

만약, 사망한다면 상속인이 사망한 날부터 6개월이 되는 달의 말일까지 피상속인을 대신해서 신고·납부하고, 이민을 간다면 이민을 목적으로 출국하는 날의 전날까지 신고·납부해야 합니다.

구분	과세기간	신고·납부기한
원칙	1월 1일~12월 31일	다음 해 5월 1일부터 31일까지
사망	1월 1일~사망한 날	사망일부터 6개월이 되는 달의 말일까지
이민	1월 1일~출국한 날	출국일 전날까지

종합소득세 과세기간과 신고·납부기한은 사업을 시작하거나 폐업하는 것과는 무관합니다.

사망하거나 이민을 가는 경우가 아니라면 무조건 1월 1일부터 12월

31일까지가 과세기간이 되고, 다음 해 5월 말까지 신고·납부해야 하는 것입니다.

사업장현황신고

면세사업자는 1월 1일부터 12월 31일까지 매출과 매입 내역에 대해서 다음 해 2월 10일까지 사업장현황신고를 해야 합니다.

과세사업자는 부가가치세 신고를 통해서 1년간 매출과 매입을 파악하고, 이 내용을 바탕으로 5월의 종합소득세 신고를 어떻게 할지 결정하게 됩니다.

마찬가지로 면세사업자는 사업장현황신고를 통해서 5월의 종합소득세 신고를 어떻게 할지 결정하게 되는 것입니다.

인건비 지출 시

직원에게 급여를 지급하거나, 방송에 게스트를 초대해서 출연료를 지급하는 등 인건비를 지출하는 경우에는 지급할 때 원천징수를 합니다.

직원급여에 대한 원천징수는 근로소득간이세액표를 조회해서 원천징수 금액을 정하고, 사업소득에 대한 원천징수는 지급액의 3.3%, 기타소득에 대한 원천징수는 지급액의 8.8%를 원천징수 합니다. 자세한 사항은 '세금신고 실무'의 '원천세 실무'에서 설명하겠습니다.

원천징수한 금액에 대해서 지급하는 달의 다음 달 10일까지 원천징수이행상황신고서를 제출하고 원천징수한 금액을 납부해야 합니다.

직전 사업연도 상시 고용인원 수가 20인 이하인 사업자는 '반기별 납부'를 할 수 있습니다. 1월부터 6월까지, 7월부터 12월까지 6개월 동안 원천징수한 금액을 모아서 한꺼번에 7월 10일 또는 1월 10일까지 신고·납부할 수 있습니다. 반기별 납부는 관할 세무서의 승인을 얻어야 합니다.

그런데 중요한 것은 원천징수이행상황신고서 제출로 끝나는 것이 아니라는 것입니다.

1월부터 6월에 지급한 것을 모아서 7월 31일까지, 7월부터 12월까지 지급한 것을 모아서 다음 해 1월 31일까지 간이지급명세서를 제출해야 합니다.

그리고 1월부터 12월까지 1년 동안 지급한 것을 모두 모아서 다음 해 3월 10일(또는 2월 말)까지 지급명세서를 또 제출해야 합니다.

인건비 지출 시 신고하는 내용을 요약하면 다음과 같습니다.

구분	신고대상	신고기한
원천징수이행상황신고서	매월 지급액	다음 달 10일
간이지급명세서	1~6월, 7~12월 지급액	7월 31일, 1월 31일
지급명세서	1~12월 지급액	3월 10일(2월 말)

인건비를 지출하면 위의 세 가지 고를 모두 다 해야 합니다. 어느 하나를 선택해서 하는 것이 아닙니다. '원천세 실무'에서 자세히 설명하겠습니다.

신고기한 요약

부가가치세 (연 2회)	• 제1기 과세기간(1월 1일~6월 30일) : 7월 25일까지 • 제2기 과세기간(7월 1일~12월 31일) : 1월 25일까지 • 간이과세자 : 1년의 거래내역을 다음 해 1월 25일까지 • 폐업 시 : 폐업한 달의 다음 달 25일까지
종합소득세 (연 1회)	• 다음 해 5월 1일부터 31일까지 신고·납부 • 사망 시 : 사망일부터 6개월이 되는 달의 말일까지 • 이민 시 : 출국일 전날까지
사업장 현황신고	• 다음 해 2월 10일까지
인건비 지출 시	• 원천징수이행상황신고서 : 지출한 달의 다음 달 10일까지(반기신고 시에는 1~6월 지급분은 7월 10일까지, 7~12월 지급분은 1월 10일까지) • 간이지급명세서 : 1~6월 지급분은 7월 31일까지, 7~12월 지급분은 1월 31일까지 • 지급명세서 : 다음 해 3월 10일(또는 2월 말)까지

6. 오줌세

왕족이 아닌 평민 출신으로서 최초로 로마의 황제까지 된 로마의 아홉 번째 황제 베스파시아누스는 원형경기장인 콜로세움을 건설한 것으로 유명한데, 또 하나 오줌세를 도입한 것으로도 유명합니다.

인간의 오줌에 세금을 부과한 것입니다.

베스파시아누스 황제는 유료공중화장실을 만들어서 운영했는데, 당시 공중화장실이 많았다고 합니다. 황제는 군사자금에 소요될 재정을 충당하기 위해서 고민하고 있었습니다.

당시 양털로 옷감을 만드는 섬유업자들은 양털에 섞여 있는 기름기를 빼고 옷을 표백하기 위해서 인간의 오줌이 필요했다고 합니다. 정확히 말하면 오줌에 섞여 있는 암모니아 성분이 필요했던 것입니다.

모든 사람들에게 오줌세를 부과한 것은 아니고, 공중화장실에서 오줌을 공짜로 수거해서 사용하는 섬유업자들에게 오줌세를 부과하였습니다. 사실상 오줌사용료라고 할 수 있겠습니다.

섬유업자들은 당연히 반발했지만, 황제는 이때 유명한 말을 합니다.

"Percunia non olet(돈에는 냄새가 나지 않는다)."

　요즘은 이 말이 '돈의 가치는 그 원천으로 인해 더러워지는 것이 아니다.'라는 의미로 사용되는데, 우리 속담으로 바꾸면 '개처럼 벌어서 정승처럼 쓴다.'와 비슷한 의미인 것 같습니다.

　요즘도 유럽에서는 공중화장실을 가리키는 용어로 '베스파시아누스'라는 용어를 사용한다고 합니다.

[출처] 박지환, 「오줌세 - 시원하게 싼 오줌에도 세금이?」, 조세일보, 2015. 8. 11.

6

세금을 내지 않으면 어떻게 될까요?

　국민의 한 사람으로서 당연히 세금을 내야 하지만, 세금을 내지 않는 사람들이 많다고 합니다. 내야 할 세금을 내지 않는 사람을 '체납자'라고 합니다.

　내야 할 세금을 내지 않고 사망하면, 그 세금은 자녀 등 상속인에게 상속이 됩니다. 세금을 내지 않고 죽은 자의 세금을 상속인이 대신 내야 한다는 것입니다. 그래서 세금은 죽은 후에도 끝까지 따라다닌다고 합니다. 하지만 상속인이 상속받은 재산이 없다면, 피상속인의 세금이 상속인에게 상속되지 않습니다.

서울시에서는 ‘38기동대’라는 별명이 더 익숙한 ‘38세금징수과’를 운영하고 있습니다. 38기동대는 체납자들을 찾아다니면서 그들의 숨겨진 재산을 찾아서 세금을 납부하도록 하는 부서입니다. 예전에 TV 프로그램으로 편성되어 방영하기도 했습니다.

“끝까지 추적하여 반드시 징수한다.”라고 하는 38기동대의 강령이 아직도 생각납니다.

국민이 세금을 내지 않으면 국가적으로는 국가재정을 채우지 못해서 국가의 사업을 하기 어려워지고, 체납자 개인에게는 가산세 등 많은 불이익이 있습니다.

체납자에게 어떤 불이익이 있는지 살펴보겠습니다.

가산세

신고·납부기한까지 세금을 신고·납부하지 않으면, 원래 내야 했던 세금에 가산세를 더해서 납부해야 합니다.

신고를 하지 않으면 신고해야 할 세액의 20%, 신고를 했는데 너무 적게 신고했다면 과소신고한 세액의 10%를 신고불성실가산세로 내야 합니다. 납부를 하지 않았다면 납부하지 않은 세액에 대한 이자 성격으로, 연 이자율 약 8.03% 정도를 납부지연가산세로 내야 합니다.

신고도 하지 않고 납부도 하지 않았다면, 신고불성실가산세와 납부지연가산세를 동시에 내야 합니다.

가산세는 이 외에도 여러 가지가 있는데, 가산세에 대한 구체적인 사항은 '세금신고 실무'에서 설명하겠습니다.

고지서 발송, 독촉, 강제징수

신고·납부기한이 지난 후에도 계속 신고·납부하지 않는다면 어떻게 될까요?

세무서에서 고지서를 보냅니다. 내야 할 세금과 가산세를 정해서 고지하는데, 통상적으로 자진신고·납부할 때의 세금보다 금액이 많습니다. 이 고지서에 적혀있는 납부기한까지 납부하지 않으면 '체납자'가 됩니다.

체납자가 되면 가산세가 또 붙습니다. 고지서에 적혀있는 금액의 3%가 가산세로 붙고, 거기에 이자 성격의 납부지연가산세(연 8.03%)가 납부하지 않는 일수만큼 하루하루 쌓이게 됩니다.

체납자가 된 이후에도 계속 납부하지 않으면 세무서에서 독촉장을 보냅니다. 그래도 세금을 납부하지 않으면 강제징수 절차에 들어갑니다.

강제징수란 체납자가 가지고 있는 부동산 등 재산을 조사해서, 이

재산을 압류하고 공매한 후에 채권자들이 나눠 가지는 절차를 말합니다. 이 경우에는 세무서가 채권자가 되어서 공매한 금액을 가져가게 됩니다.

기타 불이익 발생

세금을 신고·납부하지 않으면 가산세 등의 불이익 이외에, 다음과 같은 불이익이 발생할 수 있습니다.

납세증명서 발급제한	납세증명서 발급이 제한됩니다. 대출을 받거나 관급공사 등에 입찰할 때 납세증명서를 제출해야 하는 경우가 있는데, 체납하면 이러한 업무를 할 수 없게 됩니다.
관허사업 제한	관허사업이란, 관공서의 허가를 받아야 할 수 있는 사업을 말합니다. 건설업, 숙박업 등이 이에 해당됩니다. 체납자가 되면 세무서에서 관할 관청에 허가를 취소하거나 허가를 하지 않도록 요구할 수 있습니다.
신용불량	체납액 500만 원 이상 시 신용불량자가 될 수 있습니다.
출국금지	국세체납액 5,000만 원 이상(지방세 3,000만 원 이상) 시 출국금지를 당할 수 있습니다.
인터넷 공개	체납액 2억 원 이상이면 고액상습체납자로 지정되어 인터넷에 신상이 공개될 수 있습니다.
형사고발	고의적으로 체납처분을 면탈하는 행위에 대해서 체납자 본인과 그 조력자는 형사고발을 당할 수 있습니다.

건물주의 미납국세 열람 가능

전세를 얻으려는 사람들이 알아두면 좋은 것이 하나 있습니다. 건물주가 체납자인지를 조회할 수 있는 제도가 있습니다.

임대차계약을 할 때 건물주가 체납자인 경우에는 자칫 전셋집이 공매되어 전세금을 돌려받지 못하는 경우가 발생할 수 있기 때문에, 세입자 입장에서는 건물주가 체납자인지 아닌지를 확인하는 일은 매우 중요합니다.

임차인이 주거용 건물이나 상가 건물을 임차하여 사용하는 자로서 임차할 건물 소재지 관할 세무서 민원 봉사실을 직접 방문하여 미납국세 등 열람 신청서를 제출하면 건물주(임대인)의 동의 없이 국세 및 지방세 납부 여부를 열람해서 확인할 수 있으며 열람 후 임대인에게 열람 사실이 통보됩니다.

열람하기 위한 구비서류는 열람 신청서, 임대차계약서, 신분증 사본이 필요합니다.

7. 빗물세

2012년 서울시에서는 빗물세의 도입을 검토 중인 것으로 밝혀 논란을 빚은 적이 있습니다. 빗물이 스며들지 못하는 것을 불투수(不透水)라고 하는데, 빗물세란 이 불투수 면적에 비례해서 빗물처리비용을 수도요금에 추가해서 과세하는 방식의 세금을 말합니다.

도심에 집중호우가 발생할 경우, 불투수 면적이 넓으면 빗물이 땅으로 스며들지 못하고 낮은 지대로 모여들어서 침수 피해가 커지는 경우가 있습니다.

따라서 빗물세의 의미는 불투수 면적이 큰 부동산일수록 더 많은 피해를 야기시킬 수 있으니, 거기에 대한 책임을 세금으로 징수하겠다는 의미로 받아들일 수 있을 것 같습니다.

독일은 지난 2000년부터 빗물세를 부과하고 있습니다. 빗물이 스며들지 못하는 콘크리트, 아스팔트, 건물 지붕 등을 불투수 면적으로 계산해서 불투수 면적 1㎡당 연간 2,850원 정도를 부과한다고 합니다.

그리 큰 금액은 아닌 것 같지만, 개인주택의 경우를 생각해 보면 그리 적은 금액도 아닙니다.

예를 들어, 300㎡ 부지에 세운 단독주택이 건물 지붕 100㎡, 주차장 50㎡, 콘크리트 주차장 진입 도로 50㎡, 마당 잔디밭 100㎡로 이뤄져 있다면 불투수 면적은 200㎡입니다. 1㎡ 당 2,850원으로 계산하면, 이 주택 소유자는 57만 원을 매년 빗물세로 내게 되는 것입니다.

바닥면적으로 계산하는 방식이므로, 개인주택에 사는 사람보다 아파트에 사는 사람들이 훨씬 적은 세금을 내게 됩니다.

우리나라에는 빗물세가 없지만, 서울시의 경우 하수도 요금에 빗물 처리 비용을 포함시켜서 받고 있습니다. 하수 1t당 382원의 하수도 요금을 받는데, 이 요금의 32%는 빗물처리비용이라고 합니다.

[출처] 이재준, 「서울시, 독일식 빗물세 도입 논란」, 조선일보, 2012. 9. 5.

7

사업자등록은
어떻게 할까요?

　크리에이터로서 사업자등록을 하기 위해서는 본인이 부가가치세 일반과세자인지 면세사업자인지부터 판단해야 합니다.

　판단기준은 '크리에이터는 어떤 세금을 내야 하나요?'에서 설명한 대로, 사무실이나 작업 공간, 직원 등을 갖추고 사업을 운영하는지, 아니면 개인이 독립적으로 활동하는지에 따라 구분됩니다.

　과세사업자와 면세사업자 중에서 무엇을 해야 할지 갈등이 생긴다면, 일단 과세사업자 중에서 일반과세자로 등록하라고 추천하고 싶습니다. 일반과세자는 영세율 적용을 받고 지출한 비용의 10%에 해당되는 부가가치세를 환급받을 수 있기 때문입니다.

면세사업자로 할지 아니면 과세사업자로 할지, 과세사업자 중에서 일반과세자로 할지 간이과세자로 할지 결정되었다면 사업자등록을 어떻게 하는지 알아보아야 합니다.

사업자등록 신청하기

사업자등록신청은 국세청 홈택스에 로그인해서 신청할 수도 있고, 관할 세무서에 찾아가서 신청할 수도 있습니다. 어떤 방법으로 해도 어렵지 않고 간단합니다. 그중에서 관할 세무서에 찾아가서 신청하는 것을 추천합니다.

촬영장 등을 임차하지 않고 집에서 업무를 하는 경우에는 신청할 때 신분증만 가지고 가면 되고, 촬영장이나 작업장을 임차해서 하는 경우에는 신분증과 임대차계약서를 가지고 가야 합니다.

신청서 서식을 국세청 홈페이지에서 다운받아서 미리 작성해 가면 편하게 신청할 수 있습니다. 서식은 국세청 홈페이지 상단 [국세정보]의 [세무서식]을 클릭해서 검색하면 다운받을 수 있습니다.

미리 작성해서 가져가지 않아도 세무서에 가면 해당 서식이 있으니, 세무서에 가서 작성해도 됩니다.

홈택스에서 사업자등록신청을 하는 경우에는 로그인 후 다음 순서로 진행하면 됩니다.

1. 화면 상단 [신청/제출] 클릭
2. 화면 중간에 [사업자등록신청/정정 등] 클릭
3. 화면 좌측에 [사업자등록신청] 클릭
4. 나타나는 화면에 인적사항 등 입력(임대차계약서를 제출해야 하는 경우에는 스캔해서 제출)

사업자등록신청서 작성요령

인적사항에는 본인의 인적사항을 그대로 적으면 됩니다. 전화번호는 사업장, 자택, 휴대전화를 입력하는 란이 분리되어 있는데, 모두 휴대전화번호를 적어도 됩니다. 팩스번호는 적지 않아도 됩니다.

인적사항 아래에 있는 사업장 현황에서 업태와 종목 그리고 주업종코드를 무엇으로 적어야 하는지가 문제입니다. 국세청에서 안내하는 구분 기준은 다음과 같습니다.

코드	세분류	세세분류	적용범위
940306	기타 자영업	1인 미디어 콘텐츠 창작자 (면세)	인적 또는 물적시설 없이 인터넷 기반으로 다양한 주제의 영상 콘텐츠 등을 창작하고 이를 영상 플랫폼에 업로드하여 시청자에게 유통하는 자로서 수익이 발생하는 산업활동 (유튜버, 스트리머, 크리에이터 등)

코드	세분류	세세분류	적용범위
921505	영화비디오물 및 방송프로그램 제작업	미디어 콘텐츠 창작업 (과세)	인적 또는 물적시설을 갖추고 인터넷 기반으로 다양한 주제의 영상 콘텐츠 등을 창작하고 이를 영상 플랫폼에 업로드하여 시청자에게 유통하는 자로서 수익이 발생하는 산업활동

면세사업자로 하려면 '기타자영업', '1인 미디어 콘텐츠 창작자' 업종코드 '940306'으로 적고, 과세사업자로 하려면 '영화비디오물 및 방송프로그램 제작업', '미디어 콘텐츠 창작업' 업종코드 '921505'로 적으면 됩니다.

그 아래에 사업장 구분에서 자가인지 타가인지에 따라 면적을 입력하고, 촬영장 등을 임차했다면 임대차계약 내용을 적습니다. 그 아래에는 해당되는 것만 적으면 되는데 해당되지 않는 것이 많으므로 그냥 건너면 됩니다. '간이과세 적용 신고여부'란에는 간이과세자로 하고 싶은 경우에 '여'에 체크하면 됩니다.

홈택스에서 사업자등록신청을 할 때도 위의 내용을 참고로 작성하면 어렵지 않게 작성할 수 있습니다.

세무서 민원실에서 사업자등록신청을 하는 경우에는 담당 공무원이 검토한 후에 별다른 문제가 없다면 사업자등록증을 출력해서 주는데, 5분에서 10분 정도 시간이 소요됩니다. 거의 바로 받아서 나올 수 있습니다. 만약 뭔가 잘못되어 보충하거나 수정할 부분이 있다면 어느 부분이 잘못되었는지 알려줍니다.

홈택스에서 사업자등록신청을 하는 경우에는 신청서를 제출하고 몇 시간 기다린 후에 조회해서 사업자등록증을 출력할 수 있는데, 잘못된 경우에는 어느 부분이 잘못되었는지 스스로 찾아야 합니다. 하지만 사업자등록신청이 어렵지 않기 때문에, 잘못된 부분을 찾는 것도 어렵지는 않습니다.

사업을 하는 사업자로서 세무서가 어떻게 생겼는지 한번 볼 필요도 있고, 세무서에서 두꺼운 용지에 출력해 주는 사업자등록증을 받는 것과 집에서 출력하는 것과는 느낌이 많이 다릅니다.

홈택스에서 사업자등록신청을 한 경우에도 세무서에서 주는 두꺼운 용지의 사업자등록증을 받고 싶다면, 세무서에 신분증을 가지고 가서 출력해 달라고 하면 됩니다.

세무서에서 사업자등록증을 받아서 나오면, 마음가짐을 새롭게 하고 앞으로의 사업에 대한 희망을 가질 수 있는 좋은 계기가 될 것이라 생각합니다.

본인 이름이 적힌 사업자등록증이 생겼다면, 이제 사업자가 된 것입니다.

이제 할 일은 은행에 가서 사업용 계좌를 개설해서 홈택스에 신고하고, 사업용 신용카드를 홈택스에 등록하는 것입니다.

사업용 계좌와 사업용 신용카드에 대해서는 다음 '실무 팁'에서 설명합니다.

사업용 계좌 신고

사업용 계좌란, 해당 사업에 대한 입금 또는 출금을 하는데 사용하는 은행입출금 통장 계좌를 말합니다. 사업자등록증과 신분증을 가지고 은행에 가면 개설해 줍니다.

세법에서는 매출액이 일정액 이상(2025년 기준 7천 5백만 원)이면 사업용 계좌를 개설하고 국세청에 신고하는 의무를 규정하고 있습니다.

매출액이 기준금액 이상 증가했는데도 사업용 계좌를 신고하지 않으면 가산세를 내야 합니다. 하지만 시간이 많이 지나고 사업을 하다 보면 언제 사업용 계좌를 개설하고 신고해야 할지 모르는 경우가 많습니다.

따라서 사업을 시작할 때 미리 사업용계좌를 개설하고 홈택스에 신고하는 것이 좋습니다.

은행에서 사업용 계좌를 개설했다면, 홈택스에 로그인해서 다음 순서로 사업용 계좌를 신고합니다.

1. 상단 [신청/제출] 클릭
2. 중간의 [주요세무서류신청 바로가기] 밑에 [사업용 계좌 개설 관리] 클릭
3. 내용 입력

아주 간단하고 쉽게 할 수 있습니다.

딱히 사업용 계좌 신고의무가 없다 하더라도 사업을 하는 때에는 가지고 있는 기존의 통장과 사업용 계좌를 구분해서 관리할 필요가 있습니다.

사업용 계좌가 있으면 해당 사업에서 발생하는 수익·비용과 관련된 현금흐름이 어떠한지 파악하기가 용이하기 때문입니다.

사업용 계좌를 개설하고 홈택스에 신고했다면, 이제 사업용 신용카드를 등록해야 합니다. 사업용 신용카드는 사업용 계좌를 결제계좌로 사용하는 것이 좋습니다.

사업용 신용카드 등록

사업자등록을 하고 사업용 계좌를 개설한 후에 사업용 신용카드를 등록해야 합니다.

본인이 평소에 사용하는 신용카드를 사업용 신용카드로 등록할 수 있습니다. 등록을 하면 세금신고 시 사용내역을 홈택스에서 확인할 수 있으므로, 세금신고하는 데 편리하게 사용할 수 있습니다.

사업용 신용카드 등록방법은 다음과 같습니다. 등록하는데 전혀 어렵지 않고 복잡하지도 않습니다.

> 1. 홈택스에 로그인
> 2. 상단 왼쪽의 [조회/발급] 메뉴 클릭
> 3. 중간 아래쪽에 [현금영수증] 하단 메뉴에 [사업용 신용카드]
> 4. [사업용 신용카드 등록] 클릭해서 신용카드 등록

사업용 신용카드는 최대 50개까지 등록이 가능하고, 가능한 빨리 등록해 두는 것이 좋습니다. 늦게 등록하면 부가가치세 신고할 때 조회가 안 되는 경우가 있습니다.

신용카드를 새로 발급받거나 유효기간이 다 되어서 교체하는 경우에도, 반드시 사업용 신용카드로 등록해 두기 바랍니다.

만약, 주로 사용하는 신용카드를 사업용 신용카드로 등록하지 않았다면 카드회사에 전화해서 사용내역을 이메일이나 팩스 등으로 보내달라고 요청해서 받아야 하고, 그 사용내역 중에서 매입세액공제가 가능한 것을 일일이 입력해야 하는 번거로움이 있습니다.

한편, 현금영수증을 받고 매입한 것은 따로 등록하지 않더라도 홈택스에서 조회가 됩니다. 단, 현금영수증을 받을 때 사업자등록번호를 말하고, 사업자 지출증빙용 현금영수증을 받아야 합니다.

8

크리에이터의
세무조사

　국세청은 사업을 시작한 지 5년이 지난 사업자의 경우 세무조사를 실시하는 것을 원칙으로 하고 있습니다. 하지만, 국세청의 과중한 업무와 납세자의 편의제고 등 여러 가지 이유로 소규모 개인사업자에 대해서는 세무조사를 잘 하지 않습니다.

　하지만, 일반 개인사업자가 아니라 신종업종이나 고소득자 또는 호화생활자에 해당한다면 사정이 다릅니다. 크리에이터는 일단 신종업종에 해당되고, 새롭게 고소득자가 된 사람들이 많은 것으로 알려져 있습니다. 소득이 높으면 호화생활자가 될 가능성도 높습니다.

그래서인지, 국세청에서 크리에이터를 포함한 1인 미디어 창작자에 대한 세정 지원과 관리를 강화하고 있습니다.

실제로 국세청은 '신종업종 세정지원센터'를 설치하고, 1인 미디어 창작자, SNS마켓 사업자, 공유숙박 사업자 등 신종 업종 사업자들의 성실한 납세를 지원하고 있습니다.

크리에이터 세무조사 현황

국세청의 크리에이터 세무조사가 최근 더욱 강화되고 있습니다. 지방국세청은 최근 몇 년간 유튜버 67명을 세무조사하여 총 236억 원의 세금을 부과했습니다. 특히 주목할 점은 조사 강도가 시간이 갈수록 높아지고 있다는 것입니다. 초기에는 소수의 크리에이터를 대상으로 조사가 이루어졌으나, 최근에는 한 해에만 20여 명에 대해 90억 원 안팎의 세금을 부과하는 등 대규모 세무조사가 진행되고 있습니다(국세청 자료).

1인당 평균 부과 세액도 약 4억 2천만 원에 달하는 것으로 나타나, 크리에이터들의 탈세 규모가 상당함을 보여줍니다. 주요 적발 사례로는 개인 계좌로 후원금을 받고 소득을 축소 신고하거나, 가족 명의 차명계좌로 수익을 분산하는 등 지능적인 탈세 수법이 발견되고 있습니다. 이는 크리에이터 시장이 성장하면서 탈세 수법도 점차 고도화되고 있음을 시사합니다.

그만큼 세무조사는 어렵고 그 결과를 예측하기는 더 어렵습니다. 그래서 세금을 제때 올바르게 신고·납부하는 것이 최고의 절세라는 말이 있습니다.

최근 크리에이터들의 납세의식이 크게 향상되고 있습니다. 1인 미디어 콘텐츠 창작자의 소득신고 인원은 초기 4,875명에 불과했으나, 이듬해 33,065명으로 약 7배 급증하며 크리에이터 시장의 성장과 함께 납세 참여도가 크게 높아졌습니다. 최근 집계된 자료에 따르면 19,290명이 종합소득세를 신고했으며, 총 수입금액은 1조 4,537억 원에 달하는 것으로 나타났습니다(한국전파진흥협회; 국세청 자료). 이러한 변화는 국세청의 지속적인 세무조사와 납세 안내, 그리고 크리에이터들의 세금에 대한 인식 개선이 함께 작용한 결과로 분석됩니다. 플랫폼 사업자들의 소득 자료 제출 의무화와 더불어 크리에이터 대상 세무교육이 확대되면서 자발적인 신고 참여가 증가하고 있는 추세입니다.

국세청은 개인 계좌를 통한 후원금 수취 등을 상시 모니터링하고 있으며, 탈루 혐의가 포착되면 세무조사를 실시하는 등 엄정 대응하겠다는 입장을 밝혔습니다(국세청장 후보자 인사청문회 답변서, 2025. 7. 13.).

이러한 경우에도 미리 세무사 등 조세전문가와 상의하고 제때 적절하게 세금을 신고·납부한다면 걱정할 것은 없습니다.

세무조사 대상 선정 및 탈세 유형

국세청의 세무조사 대상 선정은 일반적으로 다음과 같은 경우에 이루어집니다.

정기 세무조사 대상	비정기 세무조사 대상
• 신고 내용과 과세자료 간 불일치가 명백한 경우 • 탈루 혐의를 인정할 만한 명백한 자료가 있는 경우 • 구체적인 탈세 제보가 있는 경우 • 거래 내용이 사실과 다른 경우 • 고의적으로 세무검증을 회피한 경우	• 신고성실도 전산 분석 결과 불성실 혐의가 있는 경우 • 4~5년간 세무조사를 받지 않은 일정 규모 이상 사업자 • 소득·재산·소비지출 분석(PCI) 결과 탈루 혐의가 있는 경우

특히 1인 미디어 창작자(크리에이터)의 경우 다음과 같은 탈세 유형이 자주 발견되고 있습니다.

1. 해외 플랫폼(구글, 유튜브 등)에서 입금되는 외화 수익을 소득신고하지 않거나 누락
   - 국세청은 구글, 페이스북, 애플 등 해외 플랫폼으로부터 수취한 외화 자료를 확보하고 있으며, 미국 등 외국과 금융정보를 교환하여 검증
2. 가사 관련 경비 및 사적인 경비를 사업의 필요경비로 부당 공제
   - 개인적인 식사비, 여행경비, 생활용품 구입비 등을 콘텐츠 제작 비용으로 처리
3. 게스트 출연료 등 인건비에 대한 원천세 신고 누락
   - 다른 크리에이터나 게스트에게 지급한 출연료에 대한 원천징수 의무 미이행
4. 개인 계좌로 후원금(슈퍼챗 등)을 받고 소득 축소 신고
   - 플랫폼을 통하지 않고 직접 받은 후원금을 신고하지 않음

5. 가족 명의 차명계좌로 수익을 분산하여 소득 은닉
 – 배우자나 자녀 명의로 수익을 분산시켜 고액 소득자 기준을 회피

8. 호흡세

사람이 숨쉬는 것에 대해서 세금을 부과하는 나라가 있습니다. 바로 베네수엘라입니다.

베네수엘라는 2014년부터 시몬 볼리바르 국제공항의 국제선과 국내선을 이용하는 승객들에게 1인당 20달러의 호흡세를 부과하고 있습니다. 공항 내에 공기정화 서비스를 제공하기 위해서 호흡세를 걷는 것이라고 합니다. 이 호흡세는 '공조설비 이용료'라는 이름으로 부과되고 있습니다.

2008년 중국에서는 호흡세 논란이 한차례 있었습니다. 중국의 과학자인 장여우쉬는 이런 주장을 했습니다.

> '이산화탄소를 배출하는 기업에 대해 생태세를 받아야 하고, 일반 시민들도 숨을 쉬면서 이산화탄소를 배출하기 때문에 한 달에 20위안(한화 3천 원 상당) 정도의 생태펀드를 구매해야 한다.'

이 내용이 논란이 되자 중국의 한 인터넷 사이트에서 네티즌을 상대로 '호흡세에 동의하십니까?'의 설문 조사를 실시했는데 52.7%가 반대했고, 44.5%는 폐활량에 따라 호흡세를 내야 한다는 의견에 동의했다고 합니다. 장여우쉬의 호흡세에 동의하는 사람은 2.9%에 불과했다고 합니다.

　그래도 폐활량에 따라 호흡세를 내야 한다는 의견에 44.5%나 동의를 했다는 건 주목할 만한 일이 아닐까 합니다만, 중국 네티즌들이 이 설문조사에 장난으로 참여한 것인지 진지하게 한 것인지는 모르겠습니다.

　과거에는 편의점에서 물 사먹는 것을 상상하지 못했던 것처럼 먼 훗날에는 호흡세를 내야 할 날이 올지도 모르겠습니다.

[출처] 「이색적인 세금이야기. 환경개선을 위한 호흡세 논란」, 국세청 블로그 아름다운 세상, 2016. 5. 19.

Chapter 03

크리에이터의
세금 신고
실무

유튜버와 스트리머의 세금신고

앞에서 본 부가가치세와 소득세 및 법인세는 다르게 생각할 것이 아니라 연결되어 있는 세금입니다.

개인은 6개월에 한 번, 법인은 3개월에 한 번 부가가치세를 신고하면서 매출과 매입을 국세청에 신고하게 됩니다.

이렇게 신고된 매출은 소득세 및 법인세를 계산할 때 수익이 되고, 매입은 비용이 됩니다. 소득세와 법인세는 수익에서 비용을 차감한 이익에서 세율을 곱하여 세금을 계산합니다.

부가가치세 계산을 잘하면 소득세와 법인세도 계산하기가 쉬워집니다. 다만, 부가가치세 계산 과정에서 포함되지 않았던 소득 항목이나 비용 항목들이 있을 수 있으므로, 이러한 부분을 추가로 확인하고 반영해야 합니다.

소득세와 법인세를 계산할 때는 부가가치세 계산내역을 바탕으로 추가적인 몇 가지 항목들을 적용해 주면 계산할 수 있습니다.

물론 그 계산이 그렇게 쉽지만은 않고, 실무적으로 복잡하고 다양한 많은 일들이 발생하기에 전문가인 세무사들이 수수료를 받고 신고업무를 대행해 주는 것입니다.

세무사에게 신고를 맡긴다 하더라도 평소에 세금에 관해서 신경쓰지 않는다면, 세무사가 무한정 절세를 해 줄 수 있는 것이 아닙니다. 평소에 절세를 위하여 준비해야 할 것들이 있습니다.

평소에 절세를 위해 어떤 것들을 챙기고 신경 써야 하는지 알아보도록 하겠습니다.

근로장려세제

1. **개념** : 근로소득·사업소득·종교인 소득이 있는 거주자가 소득 요건과 재산 요건을 모두 충족하는 경우 국가에 근로장려금을 신청할 수 있습니다. 이는 과세제도 내에서 운영되는 복지개념의 장려금 제도입니다.

2. **소득요건** : 해당 거주자를 포함한 1가구원 전원의 총소득이 다음의 금액 미만이어야 합니다.

> • 단독가구 : 2천2백만 원　　　• 홀벌이가구 : 3천2백만 원
> • 맞벌이가구 : 4천4백만 원

3. **재산요건** : 가구원이 소유하고 있는 토지·건물·자동차·예금 등의 총합계액이 2억 4천만 원 미만이어야 합니다.

4. **신청** : 근로장려금을 받으려는 자는 종합소득과세표준 확정신고 기간(5월 1일부터 5월 31일까지) 내에 신청해야 합니다(단, 기한을 놓친 경우에는 기한 종료일부터 6개월 이내에 기한 후 신청 가능).

5. **결정·환급** : 관할 세무서장은 신청기한 경과 후 3개월 이내에 결정하고, 결정 후 30일 이내에 통지하고 환급합니다.

6. **환급액** : 환급액은 정해진 액수가 아니라 총급여액 등에 따라 일
정한 산식에 의하여 계산된 금액으로 결정됩니다. 단, 환급액이 1
만 5천 원 미만인 때는 없는 것으로 하고, 1만 5천 원 이상 3만 원
미만인 때에는 3만 원으로 합니다.

1

부가가치세
절세 포인트

부가가치세는 MCN 소속이 아닌 일반 유튜버들이 구글애드센스로부터 외화로 받는 광고 수익과 관련이 있습니다.

외화를 획득하는 일반과세자인 유튜버의 경우에는 부가가치세 영세율 적용대상으로 일반적인 절세 개념과는 차이가 있지만 부가가치세를 환급받을 수 있으니 절세라고 표현하겠습니다.

MCN 소속이 아닌 유튜버는 영세율사업자에 해당되며, 영세율사업자의 경우 부가가치세 환급액은 다음과 같이 계산됩니다.

부가가치세 환급액 = 매출액 × 0% − 매입액 × 10%

매출액×0%는 당연히 '0'이므로, 이 산식에서는 언제나 매입액의 10%가 마이너스로 계산됩니다. 이 마이너스 금액을 환급받는 것입니다. 간단하게 말하면 매입세액을 환급받는 것입니다.

여기서 매입액의 10%를 차감하는 것을 '매입세액공제'라고 합니다.

유튜버의 부가가치세 절세 포인트는 어떻게 하면 매입세액공제를 많이 받아서 환급을 많이 받을 수 있는지가 관건입니다. 매입하는 것의 종류에 따라서 또는 영수증 등 증빙에 따라서 매입세액공제가 가능한 것이 있고 불가능한 것이 있습니다.

공제받을 수 있는 매입세액과 공제받지 못하는 매입세액

촬영장비와 같이 유튜브 활동에 필요한 것을 매입할 때는 원칙적으로 매입세액공제가 되지만, 모든 매입액이 다 매입세액공제를 받을 수 있는 것은 아닙니다.

부가가치세를 조금이라도 더 환급받기 위해서는 매입세액공제가 되는 것과 되지 않는 것들을 알고 있는 것이 좋습니다.

사업과 관련하여 다음의 항목에 해당되면, 매입세액공제를 받을 수 있습니다.

> ㉠ 세금계산서를 수취한 매입세액
> ㉡ 매입자 발행 세금계산서 매입세액

ⓒ 신용카드매출전표 등 수령분 매입세액
ⓔ 의제매입세액
ⓜ 재고매입세액
ⓗ 대손세액
ⓢ 면세사업 등을 위한 감가상각자산의 과세사업 전환 시 매입세액

다음의 항목에 해당되면, 매입세액공제를 받을 수 없습니다.

㉠ 세금계산서 미수령 또는 부실기재분
㉡ 매입처별세금계산서합계표 미제출 또는 부실기재분
㉢ 사업자등록 전 매입세액
㉣ 토지 또는 면세사업 관련 매입세액
㉤ 사업과 직접 관련 없는 매입세액
㉥ 비영업용 소형승용차의 구입·임차·유지와 관련된 매입세액
㉦ 접대비(기업업무추진비) 관련 매입세액

사업자등록 전 매입세액

사업자등록은 빨리하는 것이 좋습니다. 보통 유튜브를 시작하면 카메라나 조명 같은 방송장비를 구입하는 경우가 많습니다.

요즘은 스마트폰이 좋아지고 방송장비들이 저렴해져서 알뜰하게 시작하는 경우가 많이 있지만, 그래도 구입한 금액의 10%를 환급받기 위해서는 구입하기 전에 사업자등록을 해야 합니다.

원칙적으로 사업자등록 전의 매입세액은 공제받지 못하지만, 공급

시기가 속하는 과세기간이 끝난 후 20일 이내에 등록을 신청한 경우에는 사업자등록 신청일부터 공급시기가 속하는 과세기간 기산일까지 역산한 기간 내의 것은 공제받을 수 있습니다.

다시 설명하자면, 부가가치세 1기 과세기간은 1월 1일부터 6월 30일까지이고, 2기 과세기간은 7월 1일부터 12월 31일까지입니다.

부가가치세 1기 과세기간의 예를 들면, 1기 과세기간이 끝나는 날은 6월 30일이고, 과세기간의 기산일은 1월 1일입니다.

6월 30일 후 20일은 7월 20일이므로, 7월 20일까지 사업자등록을 하면 1월 1일부터 구입한 물품에 대한 매입세액공제가 가능하다는 이야기입니다.

그렇다고 해서 사업자등록을 과세기간이 끝난 후 20일까지 하면 된다는 이야기는 아닙니다.

사업자등록을 하기 전에 매입한 매입세액을 공제받기 위해서는 몇 가지 귀찮은 일이 필요하고, 실무상 공제받지 못하는 경우도 있습니다.

유튜브를 시작할 때 장비를 구입해야 한다면, 빨리 사업자등록을 하기 바랍니다.

세금계산서

세금계산서는 매입세액공제를 받기 위한 가장 기본적인 서식입니다. 사업자들끼리 거래할 때는 주문하거나 대금결제 하면서 세금계산서를 주고받는 것이 당연한 절차입니다.

만약 매입하면서 세금계산서를 수령하지 않거나, 세금계산서의 필요적 기재사항이 부실하다면 매입세액공제를 받을 수 없습니다. 세금계산서에서 반드시 들어가야 하는 필요적 기재사항은 다음과 같습니다.

㉠ 공급하는 사업자의 등록번호와 성명 또는 명칭
㉡ 공급받는 자의 등록번호(사업자는 사업자등록번호, 사업자가 아닌 경우에는 고유번호 또는 주민등록번호도 가능)
㉢ 공급가액과 부가가치세액
㉣ 작성 연월일(공급 연월일이 아님)

필요적 기재사항 중 일부가 누락되거나 사실과 다른 경우에는 매입세액공제를 받을 수 없습니다.

세금계산서 서식은 다음과 같습니다.

| 세 금 계 산 서 | 공급받는자 (보관용) | 책 번 호 | 권 호 |
| 일련번호 | | | |

공급자: 등록번호 / 상호(법인명) / 성명 / 사업장주소 / 업태 / 종목
공급받는자: 등록번호 / 상호(법인명) / 성명 / 사업장주소 / 업태 / 종목

작성: 년 월 일 / 공급가액 / 세액 / 비고

월 일 / 품목 / 규격 / 수량 / 단가 / 공급가액 / 세액 / 비고

합계금액 / 현금 / 수표 / 어음 / 외상미수금 / 이 금액을 영수 함

공급자는 물건을 파는 사람이고, 공급받는 자는 매입하는 사람입니다. 따라서 유튜버는 공급받는 자가 됩니다.

물건을 사고팔 때 파란색 세금계산서와 빨간색 세금계산서를 각각 한 장씩 작성해서 나누어 가집니다. 공급받는 자는 파란색 세금계산서, 공급하는 자는 빨간색 세금계산서를 보관합니다.

세금계산서는 종이로 작성해서 교부받는 경우도 있고, 전자세금계산서로 작성해서 메일로 교부받는 경우도 있습니다.

교부받은 세금계산서들을 부가가치세 신고 시 하나의 표로 만들어서 신고하게 되는데, 이 표를 매입처별세금계산서합계표라고 합니다.

홈택스에서 스스로 부가가치세를 신고할 때 매입처별세금계산서합계표를 반드시 작성하게 되어 있습니다. 세금계산서가 있다면 어렵지 않게 작성할 수 있고, 특히 전자세금계산서는 자동으로 작성할 수 있게 되어 있어서 편하게 신고할 수 있습니다.

면세사업자는 세금계산서를 발행할 수 없고 대신에 계산서를 발행하는데, 계산서 서식은 다음과 같습니다.

<table>
<tr><td colspan="5" align="center">계산서(공급받는자 보관용)</td><td>승인번호</td><td></td></tr>
<tr><td rowspan="4">공급자</td><td>등록번호</td><td></td><td>종사업장
번호</td><td></td><td rowspan="4">공급받는자</td><td>등록번호</td><td></td><td>종사업장
번호</td><td></td></tr>
<tr><td>상호</td><td></td><td>성 명
(대표자)</td><td></td><td>상호</td><td></td><td>성 명
(대표자)</td><td></td></tr>
<tr><td>사업장
주소</td><td colspan="3"></td><td>사업장
주소</td><td colspan="3"></td></tr>
<tr><td>업태</td><td></td><td>종목</td><td></td><td>업태</td><td></td><td>종목</td><td></td></tr>
<tr><td>비고</td><td colspan="4"></td><td colspan="2" align="center">수정사유</td><td colspan="2"></td></tr>
<tr><td>작성일자</td><td colspan="4"></td><td colspan="2">공급가액</td><td colspan="2"></td></tr>
<tr><td>월</td><td>일</td><td colspan="2">품 목</td><td>규 격</td><td>수 량</td><td>단 가</td><td colspan="2">공 급 가 액</td><td>비 고</td></tr>
<tr><td></td><td></td><td colspan="2"></td><td></td><td></td><td></td><td colspan="2"></td><td></td></tr>
<tr><td></td><td></td><td colspan="2"></td><td></td><td></td><td></td><td colspan="2"></td><td></td></tr>
<tr><td></td><td></td><td colspan="2"></td><td></td><td></td><td></td><td colspan="2"></td><td></td></tr>
<tr><td></td><td></td><td colspan="2"></td><td></td><td></td><td></td><td colspan="2"></td><td></td></tr>
<tr><td colspan="2">합 계 금 액</td><td colspan="2">현 금</td><td>수 표</td><td>어 음</td><td>외 상 미 수 금</td><td colspan="3">이 금액을 청구함</td></tr>
</table>

매입자 발행 세금계산서

세금계산서는 원칙적으로 매출하는 사람이 매출할 때 발행하는 것인데, 경우에 따라서는 매출하는 사람이 세금계산서를 발행하지 않을 때가 있습니다.

이때 매입하는 사람이 국세청장의 확인을 거쳐서 매입자 발행 세금계산서를 발행할 수 있습니다. 실무상 자주 일어나는 일은 아니지만, 이런 것이 있다는 것을 알고 있으면 모르는 것보다는 나을 것입니다.

신용카드매출전표 등 수령분 매입세액

세금계산서 대신에 신용카드매출전표 등을 발급받는다면, 세금계산서를 발급받지 않아도 매입세액공제를 받을 수 있습니다. 여기서 신용카드매출전표 등은 다음과 같은 것을 말합니다.

- 신용카드매출전표
- 직불카드영수증
- 기명식선불카드
- 현금영수증

다만, 세금계산서를 발급하지 못하는 업종을 영위하는 사업자 등으로부터 발급받은 것은 매입세액공제를 받을 수 없습니다.

다음의 사업자에게 신용카드매출전표를 수취한 경우에는 매입세액공제를 받을 수 없습니다.

- 면세사업자
- 직전연도 공급대가 합계액 4,800만 원 미만인 간이과세자
- 목욕·이발·미용업, 여객운송업(전세버스 제외)
- 박물관 등 입장권을 발행하여 영위하는 사업 등

다만, 신용카드 등으로 결제하면 신용카드매출전표 등을 수취하지 않더라도 매입세액공제가 가능합니다. 카드회사에서 결제한 내역을 조회할 수 있고, 목록을 받아서 확인하는 것이 가능하기 때문에 굳이 신용카드매출전표를 받아서 보관할 필요는 없습니다.

물건을 구입하거나, 식당에서 식사를 한 후에 세금계산서나 신용카드결제를 하지 않고 간이영수증을 수취한다면 매입세액공제를 받을 수 없습니다. 또한 실무에서 사용하는 거래명세서나 입금표 등은 적격증빙이 아니므로 매입세액공제를 받을 수 없습니다.

비영업용 승용차의 구입·임차·유지와 관련된 매입세액

여기서 말하는 비영업용 승용차란, 개별소비세가 과세되는 일반적인 승용차라고 생각하면 됩니다.

경차를 제외한 일반적인 승용차는 모두 개별소비세가 과세됩니다.

즉, 소형승용차부터 제네시스 같은 대형승용차까지 SUV를 포함한 모든 승용차가 여기에 해당됩니다.

이러한 비영업용 승용차의 구입과 유지 또는 임차에 소요되는 비용에 대한 매입세액은 매입세액공제를 받을 수 없습니다. 승용차는 사업을 위해서 사용되기보다는 사업과 무관한 목적으로 사용되는 경우가 많기 때문에 매입세액공제를 허용하지 않습니다.

단, 승합차나 화물차는 승용차가 아니므로 구입과 유지 또는 임차에 소요된 모든 비용에 대한 매입세액공제가 가능하고, 개별소비세가 과세되지 않는 경차(1,000cc 이하 또는 전기차의 경우 배기량 기준 없이 길이 3.6m, 너비 1.6m 이하)와 125cc 이하의 이륜자동차(오토바이)도 매입세액공제가 가능합니다.

비영업용 승용차가 아닌 차량의 구입비, 수리비, 유류비(전기차의 경우 충전비 포함), 렌트비 등은 모두 매입세액공제를 받을 수 있습니다. 따라서, 승합차나 회물치 등 매입세액공제가 가능한 차량이 필요한 콘텐츠를 운영한다면 관련된 매입세액을 환급받을 수 있습니다.

요즘은 승합차와 승용차 또는 화물차와 승용차의 구분이 모호한 차량들이 있습니다. 차량 구매 시 매입세액공제를 받고 싶은데 구분이 모호한 경우에는, 차량을 구입하기 전에 자동차 영업사원이나 세무사에게 매입세액공제가 가능한지 확인하고 구입하기 바랍니다.

사업과 직접 관련 없는 매입세액

사업과 직접 관련 없는 매입세액은 매입세액공제를 받을 수 없습니다. 여기서 사업은 유튜브 활동과 관련된 것을 말합니다.

먹방 콘텐츠를 하는 유튜버는 음식 구입비용에 대해서 매입세액공제가 되지만, 본인의 화장품 구입비용은 매입세액공제가 되지 않습니다. 반면에 화장법을 주요 콘텐츠로 하는 유튜버는 화장품 구입비용에 대해서 매입세액공제가 가능합니다.

마찬가지로 전자제품 리뷰를 주요 콘텐츠로 하는 유튜버는 화장품 구입비용에 대해 매입세액공제를 받을 수 없지만, 전자제품 구입비용에 대해서는 매입세액공제를 받을 수 있습니다.

사업과 직접 관련 없는 매입세액은 세금계산서나 신용카드매출전표를 받아도 매입세액공제를 받을 수 없습니다.

접대비(기업업무추진비) 관련 매입세액

접대비란 접대비 및 교재비·사례금·기타 명목 여하에 불구하고 이와 유사한 성질의 비용으로서 업무와 관련하여 지출한 금액을 말하는데, 이와 관련된 비용에 대해서는 매입세액공제를 받을 수 없습니다.

누군가와 같이 식사를 하고 식대를 지출한 경우, 거래상대방이 누구인지에 따라 취급이 달라집니다.

만약, 내가 급여를 지급하는 직원과 같이 식사를 한 경우에는 식대가 '복리후생비'로 분류되며, 이는 사업에 반드시 필요한 비용이므로 세금계산서를 받거나 신용카드 등으로 결제했다면 매입세액공제가 가능합니다.

하지만 거래처 임·직원과 식사를 하면서 식대를 지출했다면, 이는 '접대비'로 분류되어 매입세액공제를 받을 수 없습니다.

또한 직원 없이 혼자 활동하는 유튜버는 식대에 대해서 매입세액공제를 받을 수 없습니다. 유튜버 활동을 하는 것과는 상관없이 식대는 지출해야 하는 것이므로, 유튜버 본인의 식대를 사업과 관련이 없는 것으로 보기 때문입니다.

유튜버뿐만 아니라 일반적인 사업을 하는 사업자도 마찬가지입니다. 고용된 직원이 없는 경우, 사장님이 먹는 음식의 식대는 매입세액공제가 되지 않습니다.

다만, 먹방 콘텐츠를 제작하는 유튜버의 경우에는, 앞에서 언급한 바와 같이 식대 등 음식 구입비용은 매입세액공제를 받을 수 있습니다.

가산세

세법에서 정한 의무를 이행하지 않거나 잘못 이행한 경우에는 가산세를 납부해야 합니다. 따라서 가장 기본적인 부가가치세 절세방법은 제때 올바르게 신고하고 납부하는 것입니다.

부가가치세와 관련된 가산세가 많지만, 크리에이터와 관련된 가산세는 다음과 같습니다.

미등록가산세	사업개시일로부터 20일 이내에 사업자등록을 하지 않거나, 타인 명의로 사업자등록을 한 경우 공급가액의 1%를 미등록가산세로 부과함.
신고불성실가산세	• 부정무신고, 부정과소신고 : 산출세액 × 40% • 일반 무신고 : 산출세액 × 20% • 일반 과소신고 : 산출세액 × 10%
영세율 과세표준 신고불성실가산세	영세율 과세표준을 무신고·과소신고한 경우 또는 영세율 첨부서류를 제출하지 아니한 경우 영세율 공급가액의 0.5%를 가산세로 부과함.
납부지연가산세	미납세액(초과환급세액) × 기간 × 0.022%(1일 기준)

• 만약 법정신고기한 내에 신고하지 않은 경우에는 가능한 빨리 신고해야 합니다. 빨리 신고하면 가산세가 어느 정도 감면될 수 있습니다. 신고기한 경과 후 1개월 이내에 신고하면 신고불성실가산세의 90%가 감면되고, 시간이 지날수록 감면비율은 줄어듭니다. 다른 가산세는 감면되지 않습니다.

세무사 상담

세금문제를 처음 접할 때는 그 내용이 쉽지 않습니다. 부가가치세 신고를 처음 할 때는 세무사와 상담을 해서 궁금점을 해결하는 것이 좋습니다. 조금씩 배워나가면서 차근히 익히면 홈택스에서 스스로 신고할 수도 있습니다.

하지만, 준비나 신고에 자신 없거나 귀찮은 마음이 생긴다면 수수료를 부담하고 세무사에게 의뢰하는 것도 좋습니다. 세무사에게 수수료를 지불하는 만큼 세무사가 세금을 줄여주고 시간과 노력을 아끼는 결과를 만들어낼 수도 있습니다.

세무사에게 신고를 맡기더라도, 아무것도 모르고 맡기는 것과 기본적인 지식을 가지고 맡기는 것은 다릅니다.

평소 부가가치세에 대한 논리를 이해하고 절세를 위한 적격증빙 등을 성실하게 갖추지 않는다면, 세무사에게 신고업부를 맡기너라도 질세에는 한계가 있습니다. 결국 크리에이터 본인의 평소 세금 관리가 기본이 되어야 합니다.

다만, 세금문제는 혼자 해결하기에 불안한 부분이 있고 복잡한 사례도 많으므로, 수익이 커졌다고 생각될 때는 반드시 세무사의 도움을 받는 것을 추천합니다.

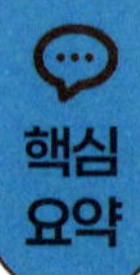

부가가치세 절세 포인트

　유튜버가 부가가치세를 절세하는 방법 또는 조금이라도 더 환급받을 수 있는 방법은 다음과 같습니다.

1. 장비를 구입하거나 비용을 지출하기 전에 사업자등록을 한다.
2. 사업자등록을 한 후에는 사업용 계좌를 개설하고, 사업용 신용카드를 등록한다.
3. 제때 정확한 세액을 신고하고 납부한다. 일반과세자는 1년에 2번(7월 25일, 1월 25일), 간이과세자는 1년에 1번(1월 25일) 신고한다.
4. 지출 시 다음의 적격증빙 중 하나를 수취한다.

• (전자)세금계산서	• 계산서
• 신용카드매출전표	• 직불카드영수증
• 현금영수증	

5. 부가가치세 신고를 처음 접하거나, 수익이 커졌다고 생각될 때는 반드시 세무사와 상담한다.

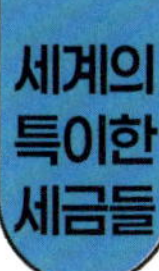

9. 조크세

조크세(Jock Tax)는 프로스포츠 선수들에게 부과되는 세금인데, 실제로 미국에서 시행 중인 조세제도입니다.

미국에서 조크(Jock)는 남자 운동선수를 일컫는 단어입니다. 그리고 조크세란, 미국에서 프로구단이 원정경기를 갈 경우 해당 지역에서 거주하는 사람이 아니더라도 그 지역에서 경기한 날의 수입에 대해서 부과되는 세금을 말합니다.

1991년 NBA 결승에서 마이클조던이 이끌던 시카고불스가 LA레이커스를 누르고 우승했을 때, 캘리포니아 주는 최초로 시카고불스 선수들에게 조크세를 부과했습니다. 당시 시카고불스 팀 선수들은 LA에서 뛴 경기 수만큼 세금을 내야 했는데, 주장인 마이클조던의 이름을 따서 '조크세'를 '조던세'라고 부르기도 했다고 합니다. 그 이후로 미국의 다른 주에서도 조크세를 도입했다고 합니다.

조크세는 프로선수들이 내는 세금이니만큼 그 금액이 만만치가 않습니다. 일본출신 야구선수 스즈키 이치로가 캘리포니아에서 25차례 경기를 하고, 21만 8천 달러가 넘는 조크세를 내기도 했습니다.

캘리포니아 주는 야구, 농구, 미식축구, 아이스하키 등 미국의 4대 프로스포츠 15개 팀이 있기 때문에 엄청난 금액의 조크세를 거둬들인다고 합니다.

[출처] 「이색적인 세금이야기, 운동을 많이 하는 남자가 내는 조크세금」, 국세청 블로그 아름다운 세상, 2016. 5. 4.

2

종합소득세
절세 포인트

뒤에서 자세히 설명하겠지만, 종합소득세는 다음의 여섯 가지 소득을 합산해서 과세합니다.

• 이자소득	• 배당소득	• 사업소득
• 근로소득	• 연금소득	• 기타소득

크리에이터로써 벌어들이는 소득은 위의 여섯 가지 소득 중에서 사업소득에 해당됩니다.

사업소득은 영리목적으로 계속적·반복적으로 사업을 하면서 발생하는 소득을 말합니다. 타인에게 고용되어 일하는 근로자는 계속적·

반복적으로 일한다 하더라도 사업이 아니기 때문에, 사업소득이 아니라 근로소득에 해당됩니다.

그런데 사업소득에서 소득세라는 세금을 내려면 수익이 있어야 합니다. 수익이 없으면 세금을 내고 싶어도 내지 못합니다. 수익이 많으면 세금을 많이 내고, 수익이 적으면 세금을 적게 내고, 수익이 없으면 세금을 안 내는 것이 소득세입니다.

그래서 대부분의 사업자들에게서 '어떻게 하면 더 많은 이익을 낼 수 있을까?'를 고민하면서, 절세하기 위해서 '어떻게 하면 이익을 줄일 수 있을까?'를 고민하는 이상한 현상이 발생합니다.

소득세는 앞에서 설명한 부가가치세와 연결되는 부분이 많아서, 부가가치세 절세가 곧 소득세 절세로 이어지기도 합니다.

세금계산서 수취·사업용 신용카드 사용 등 부가가치세 매입세액공제를 받기 위해서 해야 하는 일들은 동시에 사업소득에서 경비로 인정받는 일들입니다. 경비를 많이 인정받으면 이익이 적어지고, 소득세도 적어지기 때문입니다.

종합소득세는 부가가치세와 연결되어서 과세되는 부분이 있고, 부가가치세와는 별도로 고려해야 할 부분도 있습니다. 소득세를 절세하는 방법을 이해하기 위해서는 우리나라의 종합소득세 과세체계부터 살펴보아야 합니다.

종합소득세 과세체계

크리에이터는 발생하는 소득에 대해서 다음 해 5월에 종합소득세를 신고·납부해야 합니다.

이때 주의할 것은 크리에이터 활동으로 인하여 발생한 소득에 대해서만 신고하는 것이 아니라, 1년간 발생한 모든 소득을 합산해서 신고해야 한다는 것입니다.

만약 회사에 소속되어서 근무하는 근로자에게 유튜브 수익이 발생한다면, 근로로 인해서 발생하는 근로소득과 유튜브에서 발생하는 사업소득을 합산해서 신고해야 하는 것입니다.

합산해서 신고해야 하는 종합소득은 다음과 같이 여섯 가지로 구성되어 있습니다.

이자소득	은행에서 받는 이자 등 이자 수취액
배당소득	회사로부터 배당으로 받는 등의 소득
사업소득	계속적·반복적으로 사업(재화나 용역을 공급)을 하면서 영리를 추구해 발생하는 소득
근로소득	회사 등에 근무하고 급여 등으로 받는 소득
연금소득	개인연금 등 연금으로 받는 소득
기타소득	다른 소득에 해당되지 않는 일시적 소득

이 외에도 퇴직소득과 양도소득이 있습니다. 퇴직소득은 직장에서 퇴직했을 때 발생하고, 양도소득은 주식이나 부동산 등을 매각할 때

발생합니다.

이러한 퇴직소득과 양도소득은 자주 발생하지 않고 오랜 시간에 걸쳐서 누적되어 발생하는 경향이 있습니다. 따라서 6가지 종합소득과는 별도로 분류해서 과세합니다.

크리에이터 활동으로 발생하는 소득은 사업소득

앞에서 한 번 언급한 바와 같이 소득세법 제19조 제1항에서 사업소득의 종류를 제1호부터 제20호까지 20가지로 열거한 후에 제21호에 "위와 유사한 소득으로서 영리를 목적으로 자기의 계산과 책임하에 계속적·반복적으로 행하는 활동을 통하여 얻는 소득"을 사업소득에 포함시키고 있습니다.

사업소득은 '영리를 목적으로 자기의 계산과 책임하에 계속적·반복적으로 행하는 활동을 통하여 얻는 소득'입니다.

크리에이터 활동을 하면서 발생하는 소득은 사업소득에 해당됩니다. 구글애드센스에서 받는 광고수입, MCN으로부터 받는 수입, SOOP 스트리머로 받는 수입, 강연 등으로 발생하는 강연료 수입, 슈퍼챗 수입 등 모두 사업소득에 해당되는 것들입니다.

여기서 강연료는 기타소득으로 볼 여지가 있고, 사업소득으로 볼 여지도 있습니다. '원천징수 실무'의 '사업소득과 기타소득 구분'에서 설명하겠습니다.

후원금은 좀 다르게 볼 수 있지만, 그 외는 모두 사업소득에 해당됩니다.

사업소득금액

앞에서 크리에이터 활동으로 발생한 수입은 모두 사업소득에 해당한다고 했습니다. 그런데 모든 수입에 대해서 세금이 매겨지는 것은 아닙니다. 앞에서 설명했듯이 사업을 하는데 소요되는 경비를 차감한 잔액에 대해서 세금이 매겨집니다.

사업을 하면서 필수적으로 경비를 지출하게 되는데, 수익금액보다 지출한 경비가 더 많은 경우에는 이익이 나지 않습니다.

이익이 없으면 소득세를 내지 않고, 이익이 많으면 세금을 많이 내게 됩니다. 소득세는 이익이 나는 경우 그 이익에 대해서 내는 세금이기 때문입니다.

이렇게 사업에서 발생하는 소득세 과세대상 이익을 세법에서는 '사업소득금액'이라고 합니다. 따라서 사업소득금액은 다음과 같이 계산할 수 있습니다.

사업소득금액 = 사업소득 총수입금액 − 필요경비

- 여기서 사업소득 총수입금액은 흔히 말하는 매출액과 같은 개념입니다.
- 사업소득금액이 플러스(+)일 때도 뒤에 나오는 소득공제나 세액공제감면 등에 따라 세금을 안 내는 경우가 있지만, 기본적인 논리로는 사업소득금액이 플러스(+)일 때 사업에 대한 세금을 고려해야 합니다.
- 사업소득금액이 마이너스(-)인 경우 이 금액을 결손금이라고 하는데, 결손금은 다른 소득이 있는 경우에 다른 소득금액에서 결손금을 차감하여 세금을 감소시킬 수 있고, 다른 소득금액이 없으면 내년으로 이월시켜서 향후 15년 내의 소득세를 절약할 수도 있습니다.

그렇다면 소득세를 절세하는 논리는 간단합니다. 사업소득 총수입금액을 줄이거나 필요경비를 증가시키면, 사업소득금액이 감소해서 세금이 줄어들거나 경우에 따라서는 아예 세금을 내지 않을 수도 있습니다.

시업소득 총수입금액을 줄이는 것은 매출을 줄인다는 것인데, 매출을 감소시킬 수는 없습니다. 매출은 커져야 합니다. 크리에이터로서 동영상 조회 수를 높이고, 슈퍼챗이나 별풍선, 별사탕 등도 많이 받고, 강연도 많이 해서 매출, 즉 수익을 늘리는 것이 진정한 성장입니다.

사업소득 총수입금액을 줄이는 것이 안 된다면, 한 가지 남은 것은 필요경비를 증가시키는 것입니다. 정확히 말하면, 실제 지출한 비용을 사업상 필요경비로 인정받을 수 있어야 한다는 것입니다.

결손금

필요경비가 너무 많아서 사업소득금액이 마이너스(-) 금액이 되는 경우, 이 마이너스(-) 금액을 '결손금'이라고 합니다.

사업소득 이외에 다른 소득이 있다면, 이 결손금을 다른 소득금액에서 차감하여 세금을 줄일 수 있습니다. 또한, 다른 소득금액이 없거나, 다른 소득금액에서 차감하고도 남은 결손금은 향후 15년 동안 이월시켜서 소득금액을 줄일 수 있습니다. 이때 이월되는 결손금을 '이월결손금'이라고 합니다.

즉, 향후 15년 내에 발생하는 소득금액에서 이월결손금을 차감하여 세금을 감소시킬 수 있는 것입니다. 일반적으로 사업 초기에는 비용이 많이 소요되므로 결손금이 많이 발생합니다. 이러한 결손금은 추후 이월결손금으로, 세금을 줄이는데 많은 도움이 됩니다.

대표적으로 미국 대통령이었던 도널드 트럼프 대통령이 대통령이 되기 전 사업을 하면서, 이월결손금을 이용하여 많은 절세를 한 것으로 알려져 있습니다.

사업상 필요경비

지출한 비용을 필요경비로 인정받기 위해서는, 비용이 사업을 위해서 지출되어야 합니다.

예를 들면, 마트에서 탁자를 구입한다고 가정해 봅시다. 이 탁자를 집에서 식탁으로 사용한다면, 이는 가사용이기 때문에 탁자 구입비용을 필요경비로 인정받지 못합니다. 하지만 사업장에서 회의용으로 사용한다면 필요경비로 인정받을 수 있습니다.

즉, 사업용 지출이 맞는지 아니면 사업용이 아니라 가사용인지 그 사용목적에 따라 필요경비로 인정받을 수 있을지 없을지가 결정되는 것입니다.

그리고 지출액이 사업용인 경우 그 지출액을 사업상 필요경비로 인정받기 위해서는 세법에서 정하고 있는 '적격증빙'이라는 것이 필요합니다.

사업상 경비를 지출했는데 증거자료가 없다면, 국세청은 이 경비가 사업을 위해서 쓰여졌다는 것을 믿어주지 않습니다. 사업을 위해서 경비를 어디에 어떻게 지출했는지 증거자료가 있어야 하는데, 이 증거자료를 세법에서는 '적격증빙'이라고 합니다.

정리하면, 사업상 필요경비로 인정받기 위해서는 기본적으로 사업용 지출이어야 하고, 적격증빙이 구비되어야 합니다.

1. 사업과 관련된 지출　　　　　2. 적격증빙 구비

　세법에서 인정하는 적격증빙은 다음과 같습니다. '부가가치세'에서 본 적이 있는 친숙한 용어들이 나타납니다.

① 세금계산서(전자세금계산서, 매입자 발행 세금계산서 포함)
② 계산서(전자계산서 포함)
③ 신용카드 매출전표(직불카드, 외국 신용카드, 기명식선불카드 포함. 다음 경우도 지출증빙을 수취 보관하고 있는 것으로 인정)
　– 신용카드 및 직불카드 등의 월별 이용대금명세서
　– 전사적 자원관리시스템(ERP)에 보관되어 있는 신용카드 및 직불카드 등의 거래정보
④ 현금영수증

- 간이영수증 등은 적격증빙이 아니므로 경비로 인정되지 않습니다. 다만, 5만 원(접대비는 3만 원) 이하의 경비지출액에 대해서는 간이영수증을 수취한 경우에도 필요경비로 인정됩니다. 이 경우에는 소득세법상 필요경비로 인정될 뿐 부가가치세 매입세액공제는 받을 수 없습니다.

　사업을 하는데 필요한 필요경비는 대표적으로 각종 소모품구입비, 교통비, 접대비, 직원급여, 복리후생비 등이 있습니다.

　결혼식 축의금이나 장례식 부조금 등 경조사비를 지출하는 경우에는 건당 20만 원의 한도 내에서 경비처리가 가능한데, 이때는 청첩장

같은 증빙을 구비하면 됩니다.

차량을 사용한다면, 차량에 대한 감가상각비와 주유비 및 수리비 등도 일정한 한도 내에서 필요경비로 인정받을 수 있습니다.

부가가치세법상 매입세액공제를 받기 위해서는 각 증빙 종류별로 합계표를 작성해서 국세청에 제출해야 하지만, 소득세법상 필요경비로 인정받기 위해서는 합계표를 제출할 필요 없이 증빙을 5년간 보관하고 있으면 됩니다. 즉, 사업자는 경비처리하는 각종 증빙들을 5년간 보관해야 할 의무가 있습니다.

그런데 장비 등을 구입할 때 상대방이 어떤 사업자인지에 따라서 수취해야 하는 증빙의 종류가 달라질 수 있습니다. 거래상대방이 면세사업자이거나 부가가치세 납부의무가 면제되는 간이과세자라면 세금계산서를 발행하지 못합니다. 따라서 다음 사업자의 분류에 따른 수취할 수 있는 적격증빙은 다음과 같습니다.

일반과세자	세금계산서, 신용카드매출전표, 현금영수증
간이과세자	신용카드매출전표, 현금영수증, 세금계산서(발급이 가능한 경우)
면세사업자	계산서, 신용카드매출전표, 현금영수증

• 간이과세자 중에서 부가가치세 납세의무가 면제되지 않는 간이과세자는 세금계산서 발급이 가능합니다.

단, 농어민과 거래하는 경우에는 적격증빙을 수취하지 않고 간이영수증이나 원산지 증명 등을 수취하면 경비로 인정받을 수 있습니다.

급여 등 인건비를 지출하는 경우는 적격증빙 수취대상이 아닙니다. 매달 지출한 급여 등에 대하여 원천징수한 후 다음 달 10일까지 국세청에 신고하면, 필요경비로 인정받을 수 있습니다. '원천세 실무'에서 자세히 설명하겠습니다.

감가상각비

'감가상각비'란 자동차나 고급카메라 등 사업에 오랫동안 사용하는 장비를 사용함에 따라 발생하는 가치의 감소분을 말합니다.

보통 중고물건은 오래될수록 가격이 떨어지는데, 이는 감가상각이 반영된 결과라고 볼 수 있습니다.

100만 원(부가가치세 별도)이 넘는 장비 등을 구입하는 때에는 구입 시 전액을 경비로 인정하지 않고, 자산의 종류와 업종에 따라 세법에서 정한 감가상각 연수로 나누어서 경비로 인정합니다. 이 경비를 '감가상각비'라 하고, 감가상각 연수를 '내용연수'라고 합니다.

크리에이터가 구입하는 장비의 경우에는 일반적으로 내용연수 5년을 적용합니다.

단, 휴대폰이나 개인 PC 등 일정한 자산은 그 사용주기가 그리 길지 않으므로, 금액에 관계없이 구입하는 때에 전액 경비로 인정합니다.

종합소득금액

종합소득에 해당되는 여섯 가지 소득 중에 이자소득과 배당소득은 필요경비를 차감하지 않습니다.

근로소득은 필요경비 대신에 근로소득공제를 차감하고, 연금소득도 필요경비 대신에 연금소득공제를 차감해서 근로소득금액과 연금소득금액을 계산합니다.

근로소득금액 = 근로소득 총수입금액 − 근로소득공제
연금소득금액 = 연금소득 총수입금액 − 연금소득공제

기타소득은 사업소득처럼 기타소득 총수입금액에서 필요경비를 차감하여 기타소득금액을 계산합니다.

기타소득금액 = 기타소득 총수입금액 − 필요경비

여기서 한 가지 생각할 것이 있습니다. 만약 크리에이터가 어떤 모임에 초청받아서 강연을 한다고 가정하면, 강연을 하고 강연료를 받습니다.

그런데 이 크리에이터가 강연을 계속적·반복적으로 해서 강연료를 계속 얻는다면 사업소득에 해당이 되지만, 강연을 몇 번만 하고 안한다면 기타소득에 해당됩니다. 결국, 사업소득과 기타소득의 차이는 계속적·반복성이 있는지 없는지로 판단할 수 있습니다.

강연·심사·해설 등으로 받는 수입은 사업소득인지 기타소득인지에 따라 원천징수하는 금액이 달라집니다. 뒤에 나올 '원천세' 부분에서 자세히 설명하겠습니다.

이렇게 계산된 각 소득별 소득금액을 모두 합산하면 종합소득금액이 됩니다.

> 종합소득금액 = 이자소득금액 + 배당소득금액
> + 사업소득금액 + 근로소득금액
> + 연금소득금액 + 기타소득금액

과세표준과 소득공제

'과세표준'이란 세금을 부과하기 위한 기준이 되는 금액이나 수량 등을 말합니다. 소득세 과세표준은 종합소득금액에서 종합소득공제를 차감하여 계산합니다.

> 종합소득과세표준 = 종합소득금액 − 종합소득공제

소득세는 개인의 사정을 감안하여 세금을 감소시켜주는데, 이를 '종합소득공제'라고 합니다. 종합소득공제에는 인적공제, 연금보험료공제, 특별소득공제와 그 밖의 소득공제 등이 있습니다.

근로자의 경우에는 공제항목이 많지만, 사업자의 경우에는 상대적으로 공제항목이 적습니다. 크리에이터는 사업자에 해당되므로, 사업자에게 적용되는 종합소득공제에 대해서 설명하겠습니다.

소득자 본인과 생계를 같이하는 부양가족에 대해서 소득공제를 해 주는데, 이것을 '인적공제'라고 합니다. 인적공제에는 기본공제와 추가공제가 있습니다.

기본공제는 다음과 같습니다. 기본공제에 해당하는 사람 1인당 150만 원씩 종합소득금액에서 공제합니다.

> - 본인은 항상 150만 원 공제
> - 부양가족 중 배우자와 장애인은 소득금액 100만 원(근로소득만 있는 경우에는 총급여액 500만 원) 이하면 1인당 150만 원 공제
> - 부양가족 중에 20세 이하 또는 60세 이상인 직계존속·직계비속·형제자매 중에 소득금액이 100만 원(근로소득만 있는 경우에는 총급여액 500만 원) 이하인 부양가족 1인당 150만 원 공제

추가공제는 기본공제 대상자 중에서 각 항목에 해당하는 사람 1인당 해당 금액을 추가로 공제해 주는 것입니다. 한 사람이 여러 개의 추가공제를 받을 수도 있습니다. 추가공제의 내용은 다음과 같습니다.

① 기본공제 대상자가 70세 이상이면 100만 원 공제
② 기본공제 대상자 중에서 장애인은 200만 원 공제
③ 종합소득금액 3천만 원 이하인 여성이 다음에 해당되면 50만 원 공제
  • 배우자가 없는 여성으로서 기본공제 대상 부양가족이 있는 경우
  • 배우자가 없는 경우
④ 본인이 배우자가 없는 자로서 20세 이하 부양가족이 있는 경우에는 100만 원 공제

• ③과 ④가 중복되는 경우에는 ④만 적용

배우자와 자녀 및 부모님은 같이 살지 않는다 하더라도 생계를 같이 하는 것으로 보고 인적공제의 대상이 됩니다.

다만, 연로하신 부모님이 계시는 경우, 소득이 있는 자녀들 중에서 한 사람이 부모님에 대한 인적공제를 받을 수 있습니다. 또한 부모님 두 분에 대한 인적공제를 자녀 둘이서 나누어 받을 수 있습니다. 즉, 아버님에 대한 인석공세는 첫째 자녀가 받고, 어머님에 대한 인적공제는 둘째 자녀가 받을 수 있습니다.

맞벌이 부부의 경우 자녀에 대한 인적공제는 부부 중 한 사람이 받을 수 있습니다. 또한 각 자녀에 대하여 부부가 나누어서 인적공제를 받을 수 있는데, 첫째 자녀에 대한 인적공제를 남편이 받고, 둘째 자녀에 대한 인적공제는 아내가 받는 것이 가능합니다.

직계존속에 대한 인적공제는 부모님과 조부모님도 해당되고, 배우

자의 부모님과 조부모님도 해당됩니다.

그리고 자녀에 대해서는 친자뿐만 아니라 입양자 및 위탁아동도 가능하고, 재혼한 경우에는 재혼의 상대방 배우자가 종전의 혼인관계에서 출산한 자녀도 인적공제가 가능합니다.

인적공제 이외에 물적공제도 있는데, 크리에이터가 받을 수 있는 물적공제는 연금보험료공제, 개인연금저축공제, 소기업·소상공인 공제부금공제가 있습니다.

연금보험료공제	국민연금 등 공적연금 관련법에 따른 기여금 및 납입액 전액 소득공제
개인연금저축공제	연금저축 및 퇴직연금(IRP) 납입액에 대해 연 900만 원 한도로 소득공제(연금저축은 600만 원 한도)
소기업·소상공인 공제부금공제	노란우산공제 납입액 소득공제(단, 사업소득금액별로 다음의 한도 내에서 소득공제) • 사업소득금액 4천만 원 이하 : 500만 원 • 사업소득금액 1억 원 이하 : 300만 원 • 사업소득금액 1억 원 초과 : 200만 원

위에서 설명한 소득공제 이외에 특별소득공제(보험료, 주택자금), 그 밖의 소득공제(신용카드 등 사용금액, 우리사주조합출연금 등)가 있는데, 이러한 소득공제는 근로자만 받을 수 있습니다.

은행에서는 노란우산공제나 연금계좌 등 소득공제 및 세액공제를 받을 수 있는 금융상품을 판매하고 있습니다. 특히 노란우산공제는 일반 적금보다 혜택이 큰 대신, 해약하는데 조금의 제약이 따릅니다. 잘 검토해서 자신에게 맞는 노란우산공제 같은 금융상품 하나 들어놓는 것을 권장합니다.

산출세액

과세표준에 소득세 세율을 곱하면 소득세 산출세액이 계산됩니다.

> 종합소득산출세액 = 종합소득과세표준 × 세율

종합소득세 세율은 다음과 같이 6~45%, 8단계 초과누진세율로 구성되어 있습니다.

과세표준 구간	세 율
1,400만 원 이하	과세표준 금액 × 6%
1,400만 원 초과 5,000만 원 이하	과세표준 금액 × 15% − 126만 원
5,000만 원 초과 8,800만 원 이하	과세표준 금액 × 24% − 576만 원
8,800만 원 초과 1억 5천만 원 이하	과세표준 금액 × 35% − 1,544만 원
1억 5천만 원 초과 3억 원 이하	과세표준 금액 × 38% − 1,994만 원
3억 원 초과 5억 원 이하	과세표준 금액 × 40% − 2,594만 원
5억 원 초과 10억 원 이하	과세표준 금액 × 42% − 3,594만 원
10억 원 초과	과세표준 금액 × 45% − 6,594만 원

만약, 과세표준금액이 1억 원이라면 다음과 같이 산출세액을 계산할 수 있습니다.

$$산출세액 = 100,000,000 \times 35\% - 15,440,000 = 19,560,000원$$

과세표준금액이 5천만 원인 경우, 산출세액을 계산해 보면 다음과 같습니다.

$$산출세액 = 50,000,000 \times 15\% - 1,260,000 = 6,240,000원$$

위의 세율을 종합소득세 기본세율이라고 합니다. 기본세율 이외에 소득세법에서는 몇 가지 세율이 더 있는데, 분리과세 또는 원천징수 시 적용하는 세율 및 양도소득세에 적용하는 세율 등이 있습니다.

종합소득세 계산 시 세율을 적용하는데 절세할 수 있는 포인트는 없습니다. 과세표준에 단순히 세율을 곱해서 산출세액을 계산할 뿐입니다.

여담으로 소득세 이외에 4대보험이 세금처럼 징수되기 때문에, 과세표준이 1억 5천만 원을 넘는 경우에는 소득의 절반 이상을 소득세 및 4대보험으로 지출해야 된다고 볼 수 있습니다.

이렇게 보면 상당히 많은 비율의 금액이 세금 등으로 징수되는 것 같지만, 우리나라와 소득수준이 비슷한 다른 나라와 비교하면 우리나라 세율이 높은 편은 아니라고 합니다.

세금을 많이 내도 좋으니, 많이 벌면 좋겠습니다.

초과누진세율과 비례세율

'초과누진세율'이란 과세표준 금액이 낮을 때는 낮은 세율을 적용하고, 과세표준 금액이 높을 때는 높은 세율을 적용하는 것을 말합니다.

쉽게 말하면 소득이 높은 사람에게는 높은 세율을, 소득이 낮은 사람에게는 낮은 세율을 적용하는 것이 초과누진세율입니다.

소득세와 법인세의 경우 초과누진세율을 적용합니다. 주로 소득에 대해서 과세할 때 초과누진세율을 적용합니다.

반면에, 부가가치세는 원칙적으로 10% 단일세율을 적용하는데 이러한 세율을 '비례세율'이라고 합니다. 따라서 부가가치세는 소득이 높아도 10%, 소득이 낮아도 10%의 세율이 적용됩니다.

주로 소비에 대한 세금은 비례세율을 석용합니다.

조세이론에서는 초과누진세율을 적용하는 세금을 공평한 조세로 보고, 비례세율을 적용하는 세금을 불공평한 조세로 보는 경향이 있습니다. 부가가치세는 이러한 불공평을 보완하기 위해서 농산물과 생활필수품 등에 부가가치세 면세를 적용합니다.

결정세액과 세액감면·공제

산출세액에서 세액감면과 세액공제를 차감하면 결정세액이 계산됩니다.

> 종합소득결정세액 = 종합소득산출세액 − 세액감면·공제

세액감면과 세액공제의 종류는 많지만, 크리에이터가 주로 받을 수 있는 세액감면과 세액공제는 다음과 같습니다.

기장 세액공제	• 간편장부대상자가 복식부기에 의해 기장하고 재무상태표 등 서류를 제출하는 경우에는 산출세액의 20%를 세액공제(한도 100만 원)
자녀 세액공제	• 기본공제 대상 자녀 중 8세 이상의 자녀 1인당 25만 원, 2명 55만 원 자녀가 3인 이상인 경우 55만 원 (2인을 초과하는 1인당 40만 원)을 세액공제 • 출산 또는 입양하는 경우 첫째는 30만 원, 둘째는 50만 원, 3째 자녀부터는 1인당 70만 원을 세액공제
연금계좌 세액공제	• 연금계좌에 납입한 금액의 15%(종합소득금액 1억 원 초과 시 12%) 세액공제 • 공제 한도 : 기본 연 700만 원(연금저축 400만 원 + 퇴직연금 포함합계 700만 원) / 50세 이상 & 총급여 1억 2천만 원 이하(또는 종소 1억 원 이하) & 금융소득종합과세 미해당이면 연 900만 원 (연금저축 600만 원 + 퇴직연금 포함합계 900만 원)
표준 세액공제	• 근로소득이 있는 거주자는 13만 원 세액공제(항목별 세액공제, 특별소득공제, 월세세액공제 적용 시 표준세액공제는 적용 불가) • 근로소득이 없는 거주자는 7만 원 세액공제 • 성실사업자는 12만 원 세액공제(의료비·교육비·월세 세액공제 적용 시 표준세액공제는 적용 불가)

전자신고 세액공제	• 납세자가 직접 전자신고의 방법으로 소득세 신고를 하는 경우에 2만 원을 세액공제 • 세무사에게 의뢰해서 신고하는 경우에는 적용 불가
창업 중소기업 세액감면	• 수도권 과밀억제권역 내 : 청년 창업 중소기업 5년간 소득세의 50% 감면 • 수도권 과밀억제권역 외 : 일반창업 중소기업 5년간 50% 감면, 청년 창업중소기업 5년간 소득세의 100% 감면 • 청년요건 : 창업 당시 15세 이상 34세 이하(병역이행 기간은 최대 6년 한도로 연령에서 차감)

크리에이터가 주로 받을 수 있는 위의 세액감면·공제 이외에도 많은 세액감면·공제 항목이 있지만, 자주 나타나는 것으로 다음의 세액감면·공제가 있습니다.

배당 세액공제	종합소득에 조정대상 배당소득이 있는 경우 배당가산액(내국배당 10%, 2024. 1. 1. 이후 지급분부터)을 한도로 세액공제하며, 비교산출세액과의 차이 한도 내에서 적용합니다.
외국납부 세액공제	종합소득에 국외원천소득이 있는 경우 외국에서 납부하였거나 납부한 세액 상당액을 세액공제
재해손실 세액공제	천재지변 등으로 사업용 자산총액의 20% 이상 상실한 경우, 상실비율에 해당하는 세액을 공제(신청). 재해발생일로부터 3개월 이내 신청(신고기한 전까지 가능 예외)
근로소득 세액공제	근로소득이 있는 경우 산출세액 130만 원 이하 55% / 초과분 71만 5천 원 + (초과액의) 30%, 총급여 구간별 한도(20~74만 원) 적용
보험료 세액공제	근로자가 기본공제 대상자를 위해 보장성보험료를 지출한 경우 지출액의 12%(장애인전용 보장성보험은 15%)를 세액공제(지출액은 100만 원 한도)
의료비 세액공제	근로자가 기본공제 대상자를 위해 총급여액의 3%를 초과하여 의료비를 지출한 경우 그 초과액의 15% 등을 세액공제(특정 의료비는 가산율 적용 별도 규정)

교육비 세액공제	본인 교육비 한도 없음. 부양가족 : 취학 전·초중고 1인당 300만 원 / 대학생 1인당 900만 원, 지출액의 15% 세액공제
기부금 세액공제	법정기부금과 지정기부금으로 구분하여 일정한 한도 내에서 세액공제
월세 세액공제	총급여 8천만 원(중소 7천만 원) 이하 무주택 근로자 대상. 월세액 연 1,000만 원 한도에서 총급여 5,500만 원 이하 17% / 초과~8,000만 원 이하 15% 공제(주택 요건 : 국민주택규모 또는 기준시가 4억 원 이하).

총결정세액과 차감납부세액

결정세액에서 가산세를 합하면 총결정세액이 계산됩니다.

> 종합소득총결정세액 = 종합소득결정세액 + 가산세

가산세는 세법상 의무를 이행하지 않았을 때 부과됩니다. 여러 가지 가산세가 있는데, 소득세 납세의무와 관련된 대표적인 가산세는 다음과 같습니다.

신고불성실 가산세	• 부정무신고, 부정과소신고 : 산출세액 × 40% • 일반 무신고 : 산출세액 × 20% • 일반 과소신고 : 산출세액 × 10%
납부(환급)불성실 가산세	미납세액(초과환급세액) × 기간 × 0.022%(1일 기준)

증빙불비가산세	3만 원 초과 거래분 중 계산서·세금계산서·신용카드 등 매출전표를 수취하지 않은 금액 × 2%
사업용계좌 불성실가산세	복식부기의무자가 사업용 계좌를 신고하지 않거나 사용하지 않은 금액 × 0.2%
무기장가산세	소규모사업자를 제외한 사업자가 장부를 비치·기장하지 않았거나, 일부만 비치·기장한 경우 다음의 금액을 가산세로 함. $$산출세액 \times \frac{무기장·미달기장\ 소득금액}{종합소득금액} \times 20\%$$

다음의 경우에는 소규모사업자로 분류되어 무기장가산세가 배제됩니다.

> ㉠ 신규사업 개시자
> ㉡ 직전 과세기간 사업소득 수입금액이 4,800만 원 미만인 사업자
> ㉢ 연말정산하는 사업소득만 있는 사업자(예 :보험모집인, 방문판매원 등)

차감 납부할 세액과 기납부세액

총결정세액에서 기납부세액을 차감하면 차감 납부할 세액이 계산되는데, 우리가 5월에 소득세로 납부하는 금액은 이 차감 납부할 세액입니다.

> 차감 납부할 세액 = 종합소득총결정세액 − 기납부세액

기납부세액에는 원천징수세액·중간예납세액·수시부과세액이 있습
니다.

원천징수세액	• 소득을 지급받을 때 일정액을 세금으로 제하고 받은 금액 • 지급받을 때 원천징수하고, 종합소득세 신고할 때 기납부세액으로 납부할 세액에서 차감함.
중간예납세액	• 1월 1일부터 6월 30일까지 6개월간의 소득세를 추계하거나, 직전연도 납부세액의 50%를 미리 납부하는 세액 • 미리 납부한 후 기납부세액으로 차감함.
수시부과세액	• 사업부진 등의 사유로 장기간 휴업 또는 폐업상태에 있거나, 그 밖에 조세를 포탈할 우려가 있다고 인정될 때에 관할 세무서장이 수시로 부과하는 소득세

소득세 과세체계 요약

앞에서 설명한 종합소득세 과세체계를 요약하면 다음과 같습니다.

    사업소득 총수입금액

− 사업소득필요경비

= 사업소득금액(타 소득 합산 종합소득금액)

− 종합소득공제

= 종합소득과세표준

× 세율(6~45%)

= 종합소득산출세액

− 세액감면·공제

= 종합소득결정세액

+ 가산세

= 종합소득총결정세액

− 기납부세액(원천징수·중간예납·수시부과)

= 차감 납부할 세액

공동사업

크리에이터 활동을 혼자서 하는 경우에는 해당 사업에서 발생하는 이익을 모두 혼자 가질 수 있는 장점이 있지만, 절세목적으로는 공동사업이 좋습니다.

유튜브에서 광고 수익을 받고 비용을 차감하고 1억 원이 남았다고 가정해 봅시다. 소득공제나 세액공제 등 다른 요소는 없다 치고 혼자서 부담하게 되는 1억 원에 대한 세금을 계산해 보면 다음과 같습니다.

산출세액 = 100,000,000 × 35% − 15,440,000 = 19,560,000원

그런데 위와 동일한 광고 수익을 A와 B 두 명이 지분율 각 50%로 정해서 각각 50,000,000원씩 나누어 가진다면, 산출세액은 다음과 같습니다.

공동사업자 A	산출세액 = 50,000,000 × 15% − 1,260,000 = 6,240,000원
공동사업자 B	산출세액 = 50,000,000 × 15% − 1,260,000 = 6,240,000원

여기서 보듯이 공동사업자 A와 B의 산출세액이 각각 6,240,000원으로 계산되어서, 두 사람이 내야 할 세금을 합하면 12,480,000원입니다.

위의 1인 사업에서 계산된 19,560,000원과 비교하면 7,080,000원이나 절세한 걸로 계산이 됩니다.

공동사업계약서(동업계약서)를 작성하고 공동사업자 중 대표자를 선정해서 사업자등록신청을 할 때 공동사업으로 등록신청을 하면 공동사업자가 될 수 있습니다. 혼자 사업을 하다가 후에 공동사업자로 정정등록을 할 수도 있습니다.

법인으로 전환

크리에이터로써 사업을 하는 경우 보통 처음에는 모두 개인사업자로 시작합니다. 하지만 구독자가 폭증하고 수입이 커지면, 세금문제로 인해서 법인으로의 전환을 고려하게 됩니다. 앞에서 설명했듯이 개인소득세는 적게는 6%에서 많게는 45%까지 되지만, 법인세 세율은 다음과 같습니다.

- 과세표준 2억 원 이하 : 10%
- 과세표준 2억 원 초과 200억 원 이하 : 20%
- 과세표준 200억 원 초과 3,000억 원 이하 : 22%
- 과세표준 3,000억 원 초과 : 25%

여기서 보듯이 크리에이터가 아무리 많이 벌어도 대부분 세율 20% 이내에서 해결이 되는 것입니다.

6억 원을 번다고 가정하면, 개인사업자는 42%의 세율이 적용되지만 법인사업자는 20%의 세율이 적용되므로, 단순히 세율로만 따진다면 차이가 엄청나다고 할 수 있습니다.[7]

하지만, 법인의 소득을 법인의 대표자가 마음대로 사용할 수 없습니다. 법인의 대표자는 법인과는 법적으로 다른 사람이기 때문입니다. 법인의 소득을 대표자가 사용하려면 법인으로부터 월급이나 배당을

---

7) '23년 1% 인하되었으나 '25년 정부안에 따라 환원 추진 중

받아서 사용해야 합니다.

　마찬가지로, 크리에이터가 법인사업자로 전환해서 법인의 대표자가 되면, 법인사업자로 벌어들인 소득을 마음대로 사용하면 안 되는 것입니다. 잘못하면 횡령 또는 배임의 죄를 지게 됩니다. 법인의 대표자는 법인에 소속된 임직원일 뿐입니다.

　그리고 법인의 대표자가 법인으로부터 월급이나 배당을 받을 때는 거기에 대한 소득세를 신고·납부해야 합니다.

　따라서 법인사업자로 등록하면 법인세도 내고 개인의 소득세도 내야 한다는 것입니다. 거기다가 법인으로 벌어들인 수익을 마음대로 사용할 수도 없다는 제약이 따릅니다.

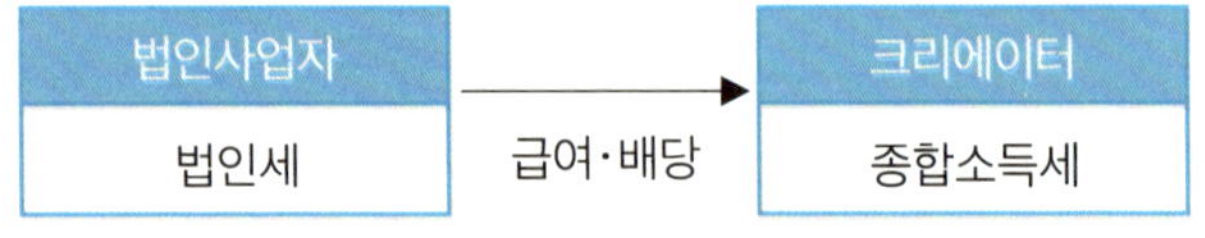

　그럼에도 불구하고 소득이 많아지면 법인으로 전환하는 것이 유리합니다. 그렇다면 어떤 시점에서 법인으로의 전환을 고려해야 할까요? 정답은 없습니다. 경우마다 다르고 개인의 성향이나 사정에 따라 다르기 때문입니다.

　개인적으로 사람들이 질문하면 1년에 연간 순이익이 5억 원이 넘게 된다면 법인으로의 전환을 고려해 보라고 말합니다.

종합소득세 절세 포인트

1. 적격증빙을 잘 구비할 것(가능하다면 매입할 때 신용카드나 현금영수증보다는 세금계산서 또는 전자세금계산서를 받는 것이 좋음)

2. 신용카드를 사용하는 경우에는 사업용계좌와 연결된 사업용신용카드를 사용할 것

3. 세금계산서를 받을 수 없고 사업용신용카드를 사용할 수 없다면, 지출증빙용 현금영수증을 받을 것

4. 사업과 관련된 사람의 결혼식이나 장례식 등 경조사비용은 접대비 명목으로 비용처리를 할 수 있으므로, 청첩장 등 관련 증빙을 챙겨 놓을 것

5. 공제항목을 잘 챙길 것(은행에 가면 노란우산공제 등 소득공제 또는 세액공제가 되는 금융상품이 있으니 잘 알아보고 본인에게 해당되는 것에 가입한다면 소득세를 절세할 수 있음)

6. 제때 성실하게 신고해서 가산세를 피할 것

7. 절세만 고려한다면 공동사업이 유리

8. 소득이 너무 커져서 세금부담이 과중하다면 법인으로의 전환을 고려할 필요가 있음.

법인세 절세 포인트

법인세는 법인사업자에게 발생한 소득에 대해서 납부하는 세금입니다. 그런데 이 법인세의 과세대상 소득을 계산하는 방법은 개인사업자의 사업소득에 대한 사업소득금액과 유사합니다. 따라서 법인세를 절세할 수 있는 포인트 또한 개인사업자의 경우와 유사합니다.

다만, 개인과 법인이라는 특성의 차이로 인하여 나타나는 차이는 존재합니다.

법인세 절세 포인트를 정리하면 다음과 같습니다.

1. 적격증빙을 잘 구비할 것(가능하다면 매입할 때 신용카드나 현금영수증보다는 세금계산서 또는 전자세금계산서를 받는 것이 좋음)
2. 신용카드를 사용하는 경우에는 반드시 법인사업용 계좌와 연결된 법인신용카드를 사용할 것
3. 세금계산서를 받을 수 없고 사업용 신용카드를 사용할 수 없다면, 지출증빙용 현금영수증을 받을 것
4. 사업과 관련된 사람의 결혼식이나 장례식 등 경조사비용은 접대비 명목으로 비용처리를 할 수 있으므로, 청첩장 등 관련 증빙을 챙겨놓을 것
5. 가지급금을 발생시키지 않을 것
6. 제때 성실하게 신고해서 가산세를 피할 것

7. 각종 공제항목을 잘 챙길 것

8. 법인의 자금을 대표자 등 개인이 절대 손대지 말 것

9. 법인 설립 시부터 세무전문가와 상의할 것

사업을 크게 시작할 생각이라면 사업을 시작하는 단계부터 법인사업자로 설립할 것을 고려해야 하고, 개인사업자가 수익이 커져서 법인으로 전환하고자 한다면 반드시 관련 전문가와 상의해야 합니다. 섣불리 법인사업자로 전환하고 후회하는 분들이 많기 때문입니다.

10. 벽지세, 벽돌세, 모자세, 공기세

[벽지세]

1700년대 초반 영국에서는 목재 대신에 목재보다 저렴한 벽지를 사용하기 시작했습니다. 이에 따라 1712년부터 벽지에 세금을 매기는 벽지세가 시행됩니다.

시간이 지나자 사람들은 세금을 피하기 위해서 벽지가 아닌 일반 종이를 구입해서 직접 벽지를 만들기 시작했습니다. 1938년에 벽지세는 폐지되었습니다.

[벽돌세]

1784년 영국에서는 벽돌에 세금을 부과하기 시작했습니다. 벽돌 천 개당 4실링의 세금을 부과했습니다. 건축주들은 이 세금을 줄이기 위해 크기가 큰 벽돌을 사용하기 시작했고, 이에 정부는 큰 벽돌에는 더 많은 세금을 부과했다고 합니다.

결국 건축주들은 세금을 피하기 위해 벽돌 대신에 나무로 집을 짓고, 벽돌모양의 타일을 벽에 붙이기도 했습니다. 산업에 방해가 된 이 벽돌세는 1850년에 폐지되었습니다.

[모자세]

1784년 영국에서는 모자세가 시행됩니다. 당시 영국 부자들은 예의와 멋을 위해 비싼 모자들을 많이 가지고 있었는데, 모자의 가격에 따라 차등적으로 모자세가 적용되었다고 합니다. 모자세는 1811년에 폐지되었습니다.

　18세기 중엽 프랑스의 루이 15세 시절, 당시 재무상이었던 에티엔 실루에트는 많은 세수 확보를 위해 공기세를 제안합니다. 공기를 마시는 모든 국민들에게 세금을 거둬들이겠다는 내용이었는데, 강력한 저항에 부딪혀서 시행되지 못했다고 합니다.

[출처]
- 「숨을 쉬려면 세금을? 프랑스의 공기세」, 국세청 블로그 아름다운 세상, 2017. 6. 23.
- 「영국에서 시행되었던 이색 세금, 벽지세와 벽돌세」, 국세청 블로그 아름다운 세상, 2018. 8. 3.
- 「역사 속의 재미있는 세금이야기」, 국세청 블로그 아름다운 세상, 2011. 12. 6.

3

원천세 실무

원천세는 원천징수를 하고 납부하는 세금을 말합니다. 원천징수란, 사업자 등 원천징수의무자가 인건비 등을 지급하면서 지급받는 사람이 납부해야 할 원천세를 차감하고 지급하는 것을 말합니다.

차감한 원천세는 정부에 납부합니다.

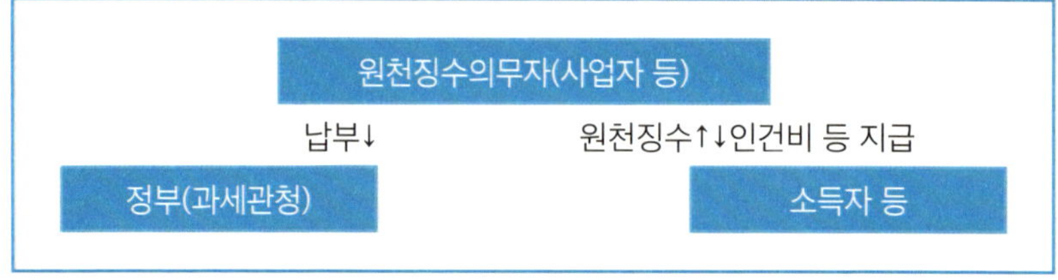

원천징수는 정부가 국민들에게서 효율적으로 세금을 징수하는 방법 중 하나입니다. 사업자가 아닌 일반 국민들은 소득이 발생할 때마다 자진해서 세금을 계산해서 납부하기가 어렵습니다. 그래서 소득을 지급하는 사람이 소득을 지급할 때, 소득자가 납부해야 할 세금을 떼서 대신 납부하도록 한 것입니다.

우리 주변에서 원천징수는 언제나 일어납니다. 대표적으로 직원에게 월급을 지급할 때, 은행에서 이자를 지급할 때, 인적용역을 제공받고 대가를 지급할 때 등 사업하는 사람들에게는 언제나 일어나는 일이고 해야 하는 의무 중 하나입니다.

크리에이터도 마찬가지입니다. 크리에이터는 직원을 고용하고 월급을 지급하는 경우도 있고, 개인방송에 게스트를 출연시키거나 영상편집 전문가에게 편집을 의뢰하면서 지급하는 금액의 성격에 따라 (사업소득) 3.3% 또는 (기타소득) 8.8%를 원천징수하고 인건비를 지급하는 경우가 있습니다.

이렇듯 크리에이터를 포함한 사업자에게 원천세는 언제나 염두에 두어야 할 세금입니다.

그렇다면 원천세 신고를 하는 이유는 무엇 때문일까요?

과세관청 입장에서는 소득세를 조기에 징수하고 징세비용을 절감하기 위한 것이고, 소득을 지급하는 사업자 입장에서는 인건비를 비용으로 인정받아서 소득세 또는 법인세를 줄이기 위한 것입니다.

[원천세 신고하는 이유]
- 과세관청 : 세금 조기 징수, 징세비용 절감
- 사업자 : 인건비를 비용으로 인정받아서 본인의 소득세 등 절감

과거에 연예인 등 비사업자가 친한 사람들에게 일시적으로 일을 시키고 수고비로 지급한 금액을 비용으로 계산해서 세금신고를 했다가, 비용으로 인정받지 못하고 탈세범이 된 적이 있었습니다. 지급한 후에 원천세 신고를 하지 않았기 때문입니다.

원천세 신고를 하지 않았다가 추후 사실관계를 확인하고 복잡한 절차를 거친 후 비용으로 인정받는 경우가 간혹 있기는 하지만, 그 과정이 너무 어렵고 피곤합니다.

인건비를 지급할 때는 현금으로 지급하지 말고 통장으로 계좌이체하고, 반드시 원천세 신고를 하기 바랍니다.

사업자 입장에서 원천세는 본인의 세금이 아니라 직원 등 소득자의 세금을 대신 납부해 주는 것입니다. 따라서 사업자 입장에서 원천세를 절세할 수 있는 방법은 없습니다.

사업소득과 기타소득 구분

소득을 지급하는 경우 고용된 직원에게 지급할 때는 '근로소득간이세액표'를 조회해서 원천징수금액을 찾을 수 있지만, 그 외 인적용역을 제공받고 지급하는 금액에 대해서는 사업소득과 기타소득을 구분해서 지급해야 합니다.

구분 기준은 다음과 같습니다.

사업소득	독립된 자격으로 계속적·반복적으로 발생하는 소득
기타소득	일시적으로 발생하는 소득

교수나 교사 등의 경우, 강연료는 다음과 같이 구분할 수 있습니다.

- 소속된 학교에서 강연하고 받는 강연료 : 근로소득
- 다른 곳에서 일시적으로 강연하고 받는 강연료 : 기타소득
- 다른 곳에서 계속적·반복직으로 강연하고 받는 강연료 : 사업소득

만약 크리에이터가 개인방송에 대학교수를 게스트로 출연시키고 출연료를 지급하는 경우, 출연한 교수가 계속적·반복적으로 유사한 일을 하고 출연료를 받는다면 사업소득, 일시적으로 출연한다면 기타소득으로 구분해서 원천징수 하면 됩니다.

굳이 이렇게 구분하는 이유는 원천징수액이 다르기 때문입니다. 사업소득으로 지급하면 3.3% 원천징수하고, 기타소득으로 지급하면 8.8% 원천징수 합니다.

소득을 지급받은 사람은 다음 해 5월에 다른 소득과 합산해서 종합소득세 신고를 합니다.

소득세와 지방소득세(원천징수이행상황신고서)

소득세는 알다시피 개인의 소득에 대해서 부과되는 세금입니다. 그런데 소득세는 국가에서 개인에게 부과하는 '국세'에 해당됩니다.

세금은 크게 국세와 지방세로 구분할 수 있습니다. 국세는 국가의 재정에 충당되는 것이고, 지방세는 지방자치단체의 재정에 충당되는 것입니다.

우리는 소득세를 계산해서 납부할 때, 소득세의 10%를 추가해서 지방세로 납부해야 합니다. 예를 들면, 5월 말 종합소득세를 낼 때 소득세가 100,000원이라면 10%인 10,000원을 지방소득세로 납부해야 합니다.

원천징수에서도 마찬가지입니다. 만약, 직원에게 지급하는 월급에 대한 소득세 원천징수액이 40,000원이라면, 40,000원이 아닌 44,000원을 원천징수해서 40,000원은 국세청에, 4,000원은 지방자치단체에 납부합니다. 지방자치단체에 납부하는 4,000원을 '지방소득세 특별징수분'이라고 합니다.

인적용역을 제공받는 경우 지급액의 3.3%를 세금으로 떼고, 인건비로 지급하는 경우에도 마찬가지입니다. 인건비 1,000,000원을 지급해야 한다면, 그중에서 30,000원은 국세청에 소득세로, 3,000원은 지방자치단체에 지방소득세로 납부합니다. 8.8%를 떼고 지급할 때도 마찬가지입니다. 8%는 소득세, 0.8%를 지방소득세입니다.

인터넷으로 직접 신고·납부할 때는, 다음의 홈페이지에서 합니다.

소득세	국세청 홈택스(www.hometax.go.kr)
지방소득세	위택스(www.wetax.go.kr)

• 서울시의 지방소득세 등은 위택스에서 신고·납부해도 되고, 서울시에서 운영하는 서울시 이택스(etax.seoul.go.kr)에서 신고·납부해도 됩니다.

직접 신고하는 경우에는 국세청 홈택스에서 다음 순서로 작성 후 신고·납부합니다. 이때 작성되는 서식을 '원천징수이행상황신고서'라고 합니다.

1. 국세청 홈택스 로그인
2. 상단 중간에 [신고/납부] 클릭
3. 오른쪽 상단 [세금신고]에서 [원천세] 클릭
4. [정기신고 작성] 클릭해서 내용 작성 후 납부

만약 신고기한이 지난 후에 신고한다면 [기한후신고 작성]에서 작성하고 신고·납부합니다.

이미 신고한 내용을 수정하는 경우, 신고기한 내에 수정하면 [정기신고 작성]에 들어가서 다시 작성하면 되는데, 신고기한이 지난 후에는 [수정신고 작성]에 들어가서 작성해야 합니다.

신고기한이 경과한 후에 수정신고 또는 기한후신고를 할 때는 가산세가 있으니 주의하기 바랍니다.

위택스에서는 다음 순서로 신고·납부합니다.

1. 위택스 로그인
2. 상단 [신고하기]에 마우스를 올림
3. 메뉴가 펼쳐지면 오른쪽 [지방소득세]의 [특별징수] 클릭
4. [단건납부] 클릭해서 내용 작성 후 납부

인건비를 지급할 때는 항상 지급할 달의 다음 달 10일까지 소득세와 지방소득세를 동시에 신고·납부해야 합니다.

원천세 반기별 신고·납부

원천세 신고는 원칙적으로 매월 해야 하지만, 직전 과세기간 상시 고용인원이 20인 이하인 경우에는 관할 세무서의 승인을 얻어서 반기별로 신고·납부할 수 있습니다.

반기별 신고·납부는 상반기(1~6월)와 하반기(7~12월)의 신고·납부 대상 원천세를 각각 모아서 신고·납부하는 것을 말하는데, 상반기의 6개월치 원천세는 7월 10일까지 연말정산을 포함해서 신고·납부하고, 하반기의 6개월치 원천세는 다음 해 1월 10일까지 신고·납부하면 됩니다.

상반기(1~6월)	7월 10일까지(연말정산 포함)
하반기(7~12월)	다음 해 1월 10일까지

- 반기별 신고·납부를 하는 경우에도 원천징수는 매월 소득을 지급할 때 해야 합니다. 신고·납부만 반기별로 하는 것입니다.
- 반기별 신고·납부는 그냥 할 수 있는 것이 아니고 관할 세무서의 승인을 얻어야 합니다.

반기별 신고·납부를 신청하려면 홈택스의 [신청/제출] 메뉴에서 하면 되는데, 상반기부터 하려면 전년도 12월에, 하반기부터 하려면 6월에 신청해서 승인을 얻어야 합니다.

승인 여부는 신청한 달의 다음 달 말일까지 통지해 줍니다.

납부지연가산세

원천세 신고를 신고·납부기한까지 하지 않거나 과소하게 신고·납부한 경우에는, 다음의 가산세를 추가로 납부해야 합니다.

> 1. 미납세액 × 10%
> 2. 미납세액 × 3% + 미납세액 × (2.2/10,000) × 경과일수

위 1.과 2.의 산식으로 계산된 금액을 합산하여 가산세로 해서 원래 납부할 세액에 추가로 납부합니다.

원천세 신고에 대해서는 신고불성실가산세는 없고, 납부지연가산세만 있습니다. 따라서 위의 가산세는 납부지연가산세에 해당하는 것입니다.

원천세는 항상 [소득세 + 지방소득세]입니다. 가산세도 마찬가지입니다. 따라서 위의 산식으로 계산된 가산세의 10%를 지방소득세 특별징수분으로 납부해야 합니다.

간이지급명세서 제출

인건비 등을 지급할 때에는 앞에서 설명한 대로 다음 달 10일까지 '원천징수이행상황신고서'를 작성해서 신고·납부하면 됩니다. 그런데 이것으로 끝나는 것이 아닙니다.

소득세 납세의무가 있는 개인에게 근로소득이나 사업소득을 지급하는 경우에는 지급일이 속하는 반기의 마지막 달의 다음 달 말일까지, 휴업이나 폐업하는 경우에는 휴업일 또는 폐업일이 속하는 달의 다음 달 말일까지 '간이지급명세서'를 제출해야 합니다.

따라서 간이지급명세서는 상반기(1~6월)와 하반기(7~12월)에 각각 지급한 금액을 모아서 7월 31일 또는 다음해 1월 31일까지 제출하는 것입니다. 7월 31일 또는 1월 31일이 토요일이나 공휴일인 경우에는 그 다음 날까지 제출하면 됩니다.

> • 상반기(1~6월) 지급분 : 7월 31일까지 제출
> • 하반기(7~12월) 지급분 : 다음 해 1월 31일까지 제출

간이지급명세서를 홈택스에서 직접 제출하는 경우, 다음 순서로 제출하면 됩니다.

> 1. 국세청 홈택스 로그인
> 2. 상단 중간에 [신청/제출] 클릭
> 3. 중간 하단에 [근로소득간이지급명세서] 클릭
> 4. [직접 작성제출 방식] 클릭해서 내용 작성

간이지급명세서를 제출해야 하는 이유는 '근로장려금'의 소득기준을 산정하기 위해서입니다. 1년에 한 번 지급하던 근로장려금이 2019년부터 연 2회 지급하는 것으로 변경되었습니다. 그래서 2019년부터 간이지급명세서 제출의무가 생겼습니다.

간이지급명세서를 제출기한까지 제출하지 않은 경우에는 다음의 가산세가 있습니다.

> 제출하지 않은 기간의 지급금액 × 0.25%

- 제출기한 경과 후 3개월 이내에 제출하면 50% 감면 (지급금액× 0.125%)

만약 6개월 동안 근로소득 또는 사업소득을 10,000,000원 지급하고 간이지급명세서를 제출하지 않았다면, 25,000원 가산세를 납부해야 하는 것입니다.

이 경우는 소득세 미납액이 아니므로, 지방소득세 10%는 없습니다.

지급명세서 제출

우리는 앞에서 인건비 등을 지출한 경우에 '원천징수이행상황신고서'와 '간이지급명세서'를 제출하는 것에 대해서 살펴보았습니다. 또 하나 더 해야 할 것이 있습니다. 1년 동안 지급한 것을 모두 모아서 '지급명세서'를 제출해야 합니다.

근로소득·퇴직소득·사업소득·종교인 소득 지급액은 다음 해 3월 10일까지, 이자소득·배당소득·연금소득·기타소득 지급액은 다음 해 2월 말까지, 일용근로자에게 지급한 금액은 지급일이 속하는 분기의 마지막 달의 다음 달 말일까지 지급명세서를 제출해야 합니다.

정리하면 다음과 같습니다.

근로·퇴직·사업소득 및 종교인 소득	다음 해 3월 10일
이자·배당·연금·기타소득	다음 해 2월 말
일용근로자에게 지급한 금액	분기 마지막 달의 다음 달 말일

- 일용근로자에 대해서는 다음 장에서 자세히 설명합니다.
- 실무상 어떤 소득에 대한 지급명세서를 언제까지 제출해야 할지 헷갈리는 경우가 자주 발생합니다. 일용근로자를 제외하고 모두 다 2월 말까지 제출하는 것이 좋습니다.

지급명세서를 홈택스에서 직접 제출하는 경우, 다음 순서로 제출하면 됩니다.

1. 국세청 홈택스 로그인
2. 상단 중간에 [신청/제출] 클릭
3. 중간 하단에 [지급명세서] 클릭
4. 해당 지급명세서 바로가기 클릭 후 직접 작성제출 방식으로 작성

지급명세서를 제출해야 하는 이유는, 소득을 지급받는 사람(소득자)이 1년 동안 얼마의 소득이 있었는지를 국세청에서 정확히 파악하고 해당 내용을 소득자에게 안내하기 위해서입니다.

5월이 되면 국세청에서는 사업소득 또는 기타소득 등이 있는 자들에게 종합소득세를 신고하라는 안내장을 보내고, 소득자가 홈택스에 로그인하면 본인이 1년 동안 얼마를 벌었는지 조회할 수도 있습니다. 이러한 국세행정이 지급명세서를 기초로 이루어지는 것입니다.

지급명세서를 제출기한까지 제출하지 않은 경우에는 다음의 가산세가 있습니다.

제출하지 않은 기간의 지급금액 × 1%

• 제출기한 경과 후 3개월 이내에 제출하면 지급금액×0.5%

근로자 또는 인적용역을 사용하는 사업자의 경우, 1년 동안 지급한 모든 인건비를 합산한 금액의 1%는 상당히 큰 금액입니다. 누락하지 않도록 조심해야 합니다.

앞에서 보았듯이 인건비 지출을 신고할 때는 다음 3가지를 모두 해야 합니다.

1. 다음 달 10일까지 원천세 신고(원천징수이행상황신고서)
2. 반기의 다음 달 말일까지 간이지급명세서 제출
3. 다음 해 2월 말 또는 3월 10일까지 지급명세서 제출

3중으로 신고(제출)해야 하는 번거로움이 있지만 각각 해야 하는 이유가 있고, 또 3가지 중 하나라도 빠뜨리면 가산세를 물어야 하기 때문에 하지 않을 수가 없습니다.

연말정산

근로소득을 지급하는 자는 지급할 때 원천징수한 후 지급한 달의 다음 달 10일까지 원천세를 신고·납부하고, 다음 해 2월의 급여를 지급할 때 연말정산 합니다.

연말정산이란 근로자의 개인적인 상황과 각종 공제대상 지출액을 감안하여 1년간 원천징수 납부한 소득세액이 적정한지를 계산해서, 과다납부했으면 과다납부한 금액은 환급받고, 과소납부했으면 과소

납부한 금액은 추가로 납부하는 제도입니다.

근로소득만 있는 사람은 연말정산을 하면 종합소득세신고를 하지 않아도 됩니다. 하지만 연말정산을 하지 않았거나 잘못한 경우 또는 다른 소득이 있는 경우에는 5월에 종합소득세 신고를 하면서 다시 정산할 수 있습니다.

<table>
<tr><td>매월 원천징수</td><td>→</td><td>다음 해 2월 급여
지급 시 연말정산</td><td>→</td><td>다음 해 5월
종합소득세신고</td></tr>
</table>

일용근로자

세법에서는 동일한 고용주에게 3개월 이내(건설공사는 1년 이내)의 기간 동안 고용되어 일하는 사람을 일용근로자로 보고 있습니다.

반면에, 4대보험에서는 한 달에 8일 미만 또는 한 달에 60시간 미만 근로를 제공하는 사람을 일용근로자로 봅니다.

일용근로자의 소득세 원천징수액은 다음 산식에 의해 계산합니다.

일용근로자의 소득세 : (일당-20만 원) × 6% × (1 - 0.45)

따라서 일당 20만 원 이하인 경우 세금은 '0'원입니다. 그리고 소득세 세액 1,000원 미만인 경우에는 '소액부징수' 규정에 의해 소득세를 징수하지 않습니다. 일당 220,000원인 경우 위 산식으로 계산하면 660원이 나옵니다.

따라서 일당 220,000원까지는 납부할 세액이 없습니다. 원천징수세액은 없고, 원천징수이행상황신고서에 기록해서 다음 달 10일까지 신고만 하면 됩니다.

일용근로자의 고용·산재보험을 신고하는 경우에는 급여 지급일의 다음 달 15일까지 근로복지공단에 '근로내용확인신고서'를 제출해야 합니다. 국세청이 아니라 근로복지공단입니다.

일용근로자가 10인 이상인 경우에는 '근로복지공단 토탈서비스'나 '4대보험센터'에서 전자신고하면 되고, 10인 미만인 경우에는 서면이나 팩스로도 신고가 가능합니다. 서면이나 팩스로 신고할 때는 잘 도착했는지 반드시 전화로 확인하기 바랍니다. 제출하지 않으면 300만 원 이하의 과태료가 있으니 주의해야 합니다.

일용근로자의 지급명세서 제출기한은 지급하는 분기의 마지막 달의 다음 달 말일까지입니다. 정리하면 다음과 같습니다.

1~3월 지급액	4월 30일까지 제출
4~6월 지급액	7월 31일까지 제출
7~9월 지급액	10월 31일까지 제출
10~12월 지급액	1월 31일까지 제출

일용근로자의 급여에 대한 신고를 정리하면 다음과 같습니다.

매월 인건비 신고	다음 달 10일까지 원천징수이행상황신고서
고용·산재보험 가입 시	다음 달 15일까지 근로내용확인신고서
일용근로자 지급명세서	지급한 분기의 다음 달 말일까지

이때 근로내용확인신고서를 제출하는 경우에는 일용근로자 지급명세서 제출의무가 면제됩니다.

일용근로자가 지급받은 금액에 대해서 소득자 입장에서는 원천징수로 납세의무가 종결됩니다. 따라서 일용근로소득만 있는 사람은 다음 해 5월에 종합소득세 신고를 하지 않습니다.

일용근로소득처럼 원천징수로 소득자의 납세의무가 종결되는 원천징수를 세법에서는 '완납적 원천징수'라고 합니다.

반면에 소득자가 원천징수를 당하고도 다음 해 5월에 종합소득세신고를 해야 하는 경우를 '예납적 원천징수'라고 합니다. 인건비에 관한 대부분의 원천징수는 예납적 원천징수에 해당됩니다.

월별 세금신고일정 정리

월	신고(제출)의무	매월
1월	일용근로자 지급명세서 제출 간이지급명세서 제출 반기별 신고·납부 부가가치세 신고	
2월	지급명세서(이자·배당·연금·기타) 제출 연말정산	
3월	지급명세서(근로·퇴직·사업·종교) 제출 법인세 신고	
4월	일용근로자 지급명세서 제출	매월 10일 급여신고 원천징수이행상황신고서
5월	종합소득세 신고	
6월	반기별 신고·납부 승인신청	매월 15일 일용근로자 근로내용확인신고서
7월	일용근로자 지급명세서 제출 간이지급명세서 제출 반기별 신고·납부 부가가치세 신고	
8월	-	
9월	-	
10월	일용근로자 지급명세서 제출	
11월	-	
12월	반기별 신고·납부 승인신청	

11. 종교세

유럽 여러 나라에는 자신이 가톨릭, 개신교, 유대교 신자라고 정부에 등록하면 정부가 그 사람의 소득에서 세금을 징수해서 각 교단에 지급하는 이른바 "종교세" 제도가 있습니다.

대표적으로 독일은 소득세에 종교세가 부가로 8~9%가 붙는데, 이는 보통 월급의 3~4%에 해당됩니다. 다른 나라들은 대략 1~2%이고, 이탈리아는 0.8%라고 합니다.

최근에는 종교세를 내지 않기 위해서 종교등록을 철회하고 종교활동을 계속하려는 사람들이 늘면서 논란이 되고 있습니다.

독일에서는 종교세를 내지 않으면 여러 가지 신앙활동에 제약을 받게 됩니다. 고해성사, 영성체, 견진성사를 받지 못하며, 죽음이 임박한 경우가 아니면 병자성사도 받지 못할 수 있습니다.

교회 안에서 직위를 맡거나 일을 할 수 없으며, 대부모가 될 수도 없고, 본당 사목위원이 될 수도 없고, 교회 단체에 가입할 수도 없습니다. 그리고 죽기 전에 이에 대해 참회하지 않으면 교회 장례를 거부당할 수도 있습니다. 그래서 이러한 경우에 "사실상의 파문"으로 받아들여지고 있습니다.

법원의 판결도 이와 같은 입장입니다. 2012년 독일 라이프치히 연방최고행정법원은 가톨릭 신자로서 각종 교회 활동에 참여하려면 종교세를 납부해야 한다고 판결한 바 있습니다.

서유럽의 교회세는 그리스도교가 전파되기 전 게르만 부족 수장이 종교 사제의 생활을 책임지던 관습에서부터 유래하며, 중세에는 영주와 황제가 로마 교황과 대립하는 한 원인이 되기도 했다고 합니다.

종교는 세금이 아닌 신앙과 양심으로 해결해야 하지 않을까요?

[출처]
• 「독일 종교세 다시 논란」, 가톨릭뉴스 지금여기, 2015. 2. 13.
• 이종훈, 「독일, 종교세 시끌」, 동아일보, 2012. 9. 28.

외국의 유튜버 세금

[미국]

미국에서는 유튜브 운영사인 구글에서 미국 국세청과 유튜버에게 연간 발생한 소득에 대한 정보를 제공합니다. 구체적으로, 구글이 연간 600달러 이상 유튜버에게 지급한 경우에는 이에 관한 정보를 미국 국세청과 해당 유튜버에게 제공해야 합니다.

구글은 미국회사이고 미국 법에 의해서 통제되므로, 국세청이 유튜버의 소득자료를 파악하는 것이 용이합니다.

연 600달러 이상을 지급받은 유튜버는 다른 소득의 유무와 관계없이 자영업자로서 세금신고·납부를 할 의무가 있습니다.

[인도]

인도의 유튜버는 개인사업자로서 사업소득에 대한 세금신고·납부 의무가 있습니다. 우리나라와 비슷하게 각종 비용 등을 공제하고 남은 금액에 대해서 과세합니다.

[영국]

영국도 우리나라와 유사하게 MCN 소속이 아닌 유튜버들은 자영업자로 등록하고, 개인소득에 대한 세금신고·납부의무가 있습니다.

[출처] 이승희·박성욱·나형종(2020), 「유튜버의 소득에 관한 과세방안 연구」,
　　　세무와 회계 연구 제21호(제9권 제2호)

부록

4대보험 신고

1. 개요

사회보장법 제3조 제1호와 제2호에는 사회보장과 사회보험을 다음과 같이 정의하고 있습니다.

제1호	"사회보장"이란 출산, 양육, 실업, 노령, 장애, 질병, 빈곤 및 사망 등의 사회적 위험으로부터 모든 국민을 보호하고 국민 삶의 질을 향상시키는 데 필요한 소득·서비스를 보장하는 사회보험, 공공부조, 사회서비스를 말한다.
제2호	"사회보험"이란 국민에게 발생하는 사회적 위험을 보험의 방식으로 대처함으로써 국민의 건강과 소득을 보장하는 제도를 말한다.

우리나라에는 사회보장의 일종인 사회보험을 국민연금보험, 건강보험, 고용보험, 산업재해보상보험(산재보험) 등으로 규정하고 있습니다. 이를 합해서 4대보험이라고 합니다.

각 보험의 목적을 요약하면 다음과 같습니다.

국민연금	• 국민의 노령, 장애 또는 사망에 대비
건강보험	• 국민의 질병·부상에 대한 예방·진단·치료·재활과 출산·사망 및 건강증진
고용보험	• 실업 예방, 고용 촉진 및 근로자 직업능력의 개발과 향상 • 국가의 직업지도와 직업소개 기능을 강화 • 실업급여를 실시하여 근로자 생활안정과 구직 활동 촉진
산재보험	• 근로자의 업무상 재해를 신속하고 공정하게 보상 • 재해근로자의 재활 및 사회 복귀를 촉진하기 위하여 이에 필요한 보험시설을 설치·운영 • 재해 예방과 기타 근로자 복지증진을 위한 사업 시행

위의 각 보험의 목적에서도 알 수 있듯이 국민연금과 건강보험은 전 국민을 위한 것이고, 고용보험과 산재보험은 근로자를 위한 것입니다.

따라서 국민연금과 건강보험은 직장가입과 지역가입이 있지만, 고용보험과 산재보험은 직장가입만 있고 지역가입은 없습니다.

4대보험의 가장 큰 특징은 강제가입이라는 것입니다. 보험임에도 불구하고 일정요건이 충족되면 개인의 의사와는 상관없이 가입하고 4대보험료를 납부해야 하므로, 세금과 같은 성격을 가지고 있어서 이를 '준조세'의 일종이라고 합니다.

준조세

준조세란 세금 이외에 세금과 같은 성격을 띠는 각종 공과금, 기부금, 사회보험료 등을 말하는데, 세금이 아니면서 반드시 내야 하는 세금의 성격이 강하므로 준조세라고 부릅니다.

준조세는 법적으로 조세가 아니기 때문에 사용 시 관할 부처의 재량이 많이 인정되고, 적정규모에 대한 국회의 직접적인 통제를 벗어나는 경우가 많으므로 조성과 운영이 비교적 쉬운 경향이 있습니다.

4대보험의 주요 내용은 다음과 같습니다.

구분	국민연금	건강보험	고용보험	산재보험
자격	사업장가입 지역가입	사업장가입 지역가입	사업장가입	사업장가입
부과기준	기준소득 월액	보수월액	월평균 보수	월평균 보수
보험료율	9%	7.09% (장기요양보험 12.95%)	• 실업급여 : 1.8% • 고용안정직업능력개발 : 0.25~0.85%	사업종류별 매년 고시
부담수준	근로자와 사용자가 반씩 부담(지역가입자는 개인 전액 부담)		• 실업급여 : 근로자, 사용자 반씩 부담 • 고용안정직업능력개발 : 사용자 전액 부담	사용자 전액 부담
부과 및 정산	매월 부과	매월 부과 후 보수총액신고로 사후정산	매월 부과 후 보수총액신고로 사후정산(건설업과 벌목업은 연 1회 개산보험료 납부)	

사용인과 사용자

사용인은 근로자(직원)를 말하며, 사용자는 회사(고용주)를 말합니다.

사업을 개시할 때 사업장신고를 하고, 근로자가 있는 경우에는 근로자 가입신고를 해야 합니다. 가입신고 및 고지납부 관련 사항은 다음과 같습니다.

사업장 가입신고	적용대상 사업장이 된 날로부터 14일 이내(국민연금은 다음 달 15일 이내)에 사업장 적용신고서를 국민연금공단, 국민건강보험공단, 근로복지공단 중 1곳에 제출하거나, 4대보험 포털사이트(www.4insure.or.kr)에 회원 가입하여 4대보험 관련 업무를 전자적으로 처리
근로자 가입신고	최초로 사업장 적용신고를 한 이후에 근로자를 채용하거나 근로자가 퇴직하는 경우 신규입사자는 추가로 자격취득신고를 하여야 하고, 퇴사자는 자격상실신고
고지 납부	국민건강보험공단이 국민연금공단 및 근로복지공단으로부터 부과자료(고지확정자료)를 받아 통합하여 고지하는데, 고지 방식은 4대보험료 합산고지서와 개별고지서가 하나의 봉투에 같이 발송되며, 사업장에서 신청 시 합산한 통합고지서 1매로 받을 수 있음.

보통 사업자등록을 하면 보험공단에서 4대보험에 대한 안내서를 우편으로 보내줍니다. 만약 안내서를 받지 못한다 할지라도 스스로 가입해야 합니다.

4대보험의 비용처리

- 법인사업자가 부담하는 임직원의 4대 보험료는 비용처리가 가능한데, 국민연금보험료는 세금과공과, 건강보험료는 복리후생비, 고용산재보험료 등은 보험료 계정과목으로 처리합니다.
- 개인사업자가 지출하는 사업주 자신의 건강보험료는 세금과공과금으로 비용처리하고, 국민연금보험료는 연금보험료로 소득공제 항목으로 반영합니다.
- 근로소득자는 본인이 부담하는 국민연금보험료 및 건강보험료를 소득공제 항목으로 반영합니다.

2. 사업장 가입신고

사업자등록 후 대상 사업장에 해당되면 신고해야 합니다.

국민연금	• 1인 이상 근로자를 사용하는 모든 사업장은 가입대상이며, 대표이사 1인만 있어도 대상임. • 사용자는 당연적용사업장에 해당하게 된 날이 속하는 달의 다음 달 15일까지 성립신고를 하여야 함.
건강보험	• 1인 이상 근로자를 사용하는 모든 사업장은 가입대상이며, 대표이사 1인만 있어도 가입대상임. • 단, 무보수 대표이사만 있는 사업장이나 직장가입자에서 제외되는 자만 있는 사업장은 가입대상이 아니며, 근로자가 없는 개인사업장의 사업주는 적용대상이 아님.
고용보험 산재보험	• 상시 1인 이상 근로자를 사용하는 모든 사업 또는 사업장은 적용대상임(산재보험은 1인 미만 사업장도 당연적용 대상임). • 당연적용사업장의 사업주는 보험관계가 성립한 날부터 14일 이내에 성립신고를 하여야 함. • 당연적용사업은 사업주의 의사와 관계없이 자동으로 보험관계가 성립하므로 성립신고 여부와 관계없이 재해를 당한 근로자는 산재보상을 받을 수 있음.

사업장 가입신고 시 제출서류는 다음과 같습니다.

국민연금	건강보험	고용보험	산재보험
당연적용사업장 해당신고서 사업장가입자격 취득신고서	사업장적용 신고서 직장가입자격 취득신고서	보험관계성립 신고서 피보험자자격 취득신고서	보험관계성립 신고서 근로자고용 신고서
다음 달 15일까지 신고	14일 이내에 신고		

사업장의 명칭, 전화번호, 소재지, 등록번호, 사업의 종류 등 사업장 내용의 변경이 있는 경우에는 사유발생일로부터 14일 이내(국민연금은 다음 달 15일)에 사업장내용변경신고서에 의해 변경신고를 해야 합니다.

3. 가입대상자

국민연금 가입대상자는 다음과 같습니다.

가입대상자	18세 이상 60세 미만의 근로자와 사용자
적용제외자	① 1개월 미만의 일용근로자 및 단시간 근로자(1개월 이상 계속 사용시 가입대상) ② 1월간의 소정근로시간이 60시간 미만인 단시간 근로자(생업을 목적으로 3개월 이상 근로제공 시 가입대상) ③ 타 공적연금가입자 ④ 노령연금수급권 취득자 중 60세 미만 특수직종 근로자 ⑤ 조기노령연금 수급권을 취득하고 그 지급이 정지되지 아니한 자 ⑥ 퇴직연금 등 수급권자 ⑦ 국민기초생활보장법에 의한 수급자 ⑧ 법인의 이사 중 과세대상 소득이 없는 자
임의가입자	사업장 가입자·지역가입자 외의 자로서 18세 이상 60세 미만 근로자는 국민연금공단에 가입 신청 가능

사업자는 사업장이 1인 이상의 근로자를 사용하게 된 때, 근로자가 18세 이상이 된 때, 일용근로자 등이 1개월 이상 사용된 때 등 자격 취득일의 다음 달 15일까지 「사업장가입자 자격취득신고서」를 제출해야 합니다.

건강보험 가입대상자는 다음과 같습니다. 연령제한은 없습니다.

가입대상자	모든 사업장의 근로자·사용자·공무원·교직원
적용제외자	① 1개월 미만의 일용근로자 ② 비상근근로자 또는 월 60시간 미만인 단시간 근로자 ③ 비상근교직원 또는 월 60시간 미만인 시간제공무원 및 교직원 등 ④ 근로자가 없거나 비상근근로자 등만을 고용하고 있는 사업장의 사업주

근로자가 적용사업장에 사용된 날, 공무원이 임용된 날, 일용근로자로 1월을 초과하여 근로계약이 체결된 경우는 최초 근로제공일 혹은 최초 근로제공일로부터 1월을 초과하는 날 등 자격 취득일로부터 14일 이내에 「직장가입자 자격취득신고서」를 제출해야 합니다.

한편, 건강보험 직장가입자의 피부양자 대상은 다음과 같으며, 피부양자를 신고하는 경우 가족관계등록부 등을 첨부하여 제출하여야 합니다.

건강보험 피부양자는 직장가입자의 배우자, 직계존비속(배우자의 직계존비속 포함) 및 그 배우자, 형제자매 중 직장가입자에 의하여 주로 생계를 유지하는 자로서 보수 또는 소득이 없는 자입니다. 피부양자로 인정받으려면 재산요건과 소득요건을 동시에 충족하여야 합니다.
- 재산요건 : 재산세 과세표준액 합이 5억 4천만 원(단, 5억 4천만 원 초과 9억 원 이하인 경우 연간소득 1천만 원 이하 시 인정, 형제자매는 1.8억 원)을 초과하지 않는 경우
- 소득요건 : 다음 각 1에 해당되는 경우
  - 사업자등록이 있고 사업소득이 없는 경우
  - 사업자등록이 없고 사업소득 연간 합계액이 500만 원 이하인 경우

- 이자·배당소득금액·총급여·총연금액·기타소득금액 모두 합산하여 연간 2,000만 원 이하인 경우
- 피부양자 중 형제자매는 미혼으로 30세 미만, 65세 이상, 장애인 등으로 소득요건 및 재산요건 충족 시 인정함.

고용보험과 산재보험 가입대상은 다음과 같습니다.

가입대상자	사업 또는 사업장에 종사하는 모든 근로자
적용제외자	① 만 65세 이상인 자(산재보험은 연령제한 없이 가입대상) ② 월 60시간 미만인 자(1주간 소정근로시간 15시간 미만인 자 포함)(산재보험은 시간제한 없이 가입대상) * 단, 생업을 목적으로 3개월 이상 근로제공 시 가입대상

고용산재보험 적용대상자의 자격취득일이 속하는 달의 다음 달 15일까지 「피보험자 자격취득신고서」(고용보험), 「근로자 고용신고서」(산재보험)를 제출하여야 합니다.

4대보험에서 근로자의 범위

4대보험에서 근로자는 사업장에서 노무를 제공하고 그 대가로 보수를 받는 자를 말하며, 국민연금 및 건강보험 적용 시에는 법인의 이사, 기타 임원도 포함됩니다. 그러나 고용보험 및 산재보험 적용 시에는 법인의 이사, 기타 임원 등 사용자에 해당되는 자는 포함되지 않습니다.

4. 기준금액 및 보험료율

4대보험료는 기준금액에 보험료율을 곱하여 산정합니다.

기준금액 × 각 4대보험 보험료율

4대보험료 부과의 기준이 되는 기준금액에 대해 국민연금은 기준소득월액, 건강보험은 보수월액, 고용·산재보험은 월평균 보수라고 표현하는데, 근로자의 경우 기준금액은 모두 소득세법에 따른 총급여액에서 비과세근로소득을 차감한 금액을 말합니다.

자격취득 시 기준금액은 다음과 같이 결정됩니다.

국민연금	기준소득월액 : (소득액 ÷ 그 기간의 총일수) × 30 • 최저 기준소득월액 40만 원, 최고 기준소득월액 637만 원 • 소득원액을 신고하지 않아 소득자료가 없는 경우에는 전년도 12월 31일 현재 지역가입자 전체의 중간에 해당하는 자의 기준소득월액으로 함.
건강보험	보수월액 : (그 기간의 보수액 ÷ 그 기간의 총일수) × 30
고용보험 산재보험	월평균 보수 : 1년간 지급받기로 한 보수 ÷ 해당 근무개월 수 • 월평균 보수 기준금액의 상·하한은 없음.

- 지역가입자의 국민연금 기준소득월액은 가입자가 신고한 소득으로 기준소득금액이 결정되고, 변경신청도 할 수 있습니다.

- 지역가입자의 건강보험 보수월액은 가입자의 소득, 재산(전월세 포함), 자동차, 생활수준 및 경제활동참가율을 참작하여 정한 보험료 부과점수에 점수당 금액을 곱하여 보험료를 산정한 후, 경감률 등을 적용하여 세대단위로 부과합니다.

한번 정해진 4대보험 기준금액은 다음의 기간 동안 적용됩니다.

국민연금	계속근로자 : 전년도 소득월액(전년도에 종사한 기간에 받은 소득액을 그 근무일수로 나눈 금액의 30배에 해당하는 금액)을 기준으로 당해연도 7월부터 다음연도 6월까지 적용
	신규입사자 : 자격 취득신고서상에 신고한 소득월액을 기준으로, ① 12월 1일 이전 입사자 : 입사일이 속하는 날의 다음 달부터 다음연도 6월까지 적용 ② 12월 2일 이후 입사자 : 입사일이 속하는 날의 다음 달부터 다음 다음연도 6월까지 적용(매월 1일에 입사한 경우 그 입사일부터 적용, 즉 본래 입사월은 부과하지 않으나 초일 입사자는 입사월부터 부과함)
건강보험	계속근로자 : 전년도 보수월액(전년도에 지급받은 보수의 총액에 그 기간의 근무월수로 나누어 산정한 금액)을 기준으로 당해연도 4월부터 다음연도 3월까지 적용
	신규입사자 : 자격 취득신고서상에 신고한 보수월액을 기준으로, ① 12월 1일 이전 입사자 : 입사일이 속하는 날의 다음 달부터 다음연도 3월까지 적용 ② 12월 2일 이후 입사자 : 입사일이 속하는 날의 다음 달부터 다음 다음연도 6월까지 적용(매월 1일에 입사한 경우 그 입사일부터 적용, 즉 본래 입사월은 부과하지 않으나 초일 입사자는 입사월부터 부과함)

| 고용보험
산재보험 | ① 9월 30일 이전 입사자 : 입사월부터 다음연도 3월까지 적용
② 10월 1일 이후 입사자 : 입사월부터 다음 다음연도 3월까지 적용
　(고용·산재보험료는 일할계산되므로 입사월에 부과함) |

보험료율은 다음과 같습니다.

국민연금	월별 국민연금보험료 : 기준소득월액 × 보험료율 • 보험료율 : 9%(사용자 4.5%, 근로자 4.5%)
건강보험	월별 건강보험료(보수월액보험료) : 보수월액 × 보험료율 • 보험료율 : 7.09%(사용자 3.545%, 근로자 3.545%) • 노인장기요양보험료(건강보험료의 12.95%) 추가 • 보수월액 산정에 포함된 보수를 제외한 보수 외 소득이 연 3,400만 원을 초과하는 경우에는 다음의 보수 외 소득의 보험료를 추가로 징수함. 　보수 외 소득 ÷ 12 × 7.09% × 50%
고용보험	월별 보험료 : 월평균 보수 × 보험료율 • 실업급여 보험료율 : 1.8%(사업자 0.9%, 근로자 0.9%) • 고용안정직업능력개발사업 : 0.25~0.85%(사용자 부담)
산재보험	월별 보험료 : 월평균 보수 × 보험료율 • 보험료율 : 고용노동부 장관이 매년 업종별 요율 결정고시 • 산재보험료는 사업주가 전액 부담하지만, 특수형태근로종사자에 대한 산재보험료는 사업주와 특수형태근로종사자가 보험료의 1/2씩 각각 부담

5. 보험료 부과·공제·정산

4대보험료는 월별로 부과하는 것이 원칙이며, 국민연금과 건강보험은 본래 입사월에는 부과하지 않으나, 초일 입사자는 입사월부터 부과합니다. 고용·산재보험료는 일할계산되므로 입사월에도 부과되며, 퇴사월은 4대보험 모두 부과합니다.

구분	입사월	퇴사월
국민연금	부과하지 않음(단 초일 입사자는 부과함)	부과함
건강보험	부과하지 않음(단 초일 입사자는 부과함)	부과함
고용보험	부과함	부과함
산재보험	부과함	부과함

근로자에게 급여 지급 시 매월 부과·고지되는 4대보험료에 대하여는 아래와 같이 본인부담분을 원천 공제하고 차액을 지급합니다.

국민연금	• 국민연금과 건강보험료는 공단에서 근로자의 전년도 소득을 기준으로 산정한 보험료를 매월 회사에 부과 • 회사는 근로자에게 급여 지급 시 공단에서 고지한 보험료 중 본인 부담금을 급여에서 공제하고 지급함. 이때 근로자에게 지급하는 소득이 변동되더라도 보험료는 매월 동일함.
고용보험	• 고용보험은 공단에서 근로자의 전년도 보수를 기준으로 산정한 보험료를 매월 회사에 부과 • 회사는 근로자에게 당월에 실제 지급한 보수에 대한 실업급여 근로자 부담분을 급여에서 공제하고 지급 • 따라서 근로자에게 지급하는 보수가 변동됨에 따라 근로자에게 원천공제하는 고용보험료도 매월 변동
산재보험	• 산재보험료는 전액 사업주 부담이므로 근로자 급여 지급 시 원천 공제하지 않음.

납부한 4대보험료는 다음과 같이 정산합니다.

국민연금	• 국민연금은 전년도 소득월액을 기준으로 당해연도 보험료를 산정하여 고지하며 별도의 정산은 하지 않음.
건강보험	• 연말정산 : 다음연도 3월 10일(개인사업자는 5월, 성실대상은 6월)에 확정된 소득으로 보험료를 다시 산정하여 기납부한 보험료와 비교하여 정산차액을 4월분(개인사업자는 6월, 성실대상은 7월) 보험료에 추가징수하거나 반환하여 정산함. • 수시정산 : 직장가입자의 자격 또는 보수 등이 변동되었을 때 공단에 신청하여 정산함. • 퇴직정산 : 직장가입자가 퇴직하는 경우 당해연도 보수총액을 근무월수로 나눈 보수월액으로 기납부한 보험료와 당해연도 퇴직 시까지 납부해야 할 보험료를 정산함.
고용보험 산재보험	• 고용보험과 산재보험료는 전년도 보수를 기준으로 보험료를 부과하고, 당해연도의 보수가 확정된 시점에서 다시 산정한 보험료와 기부과된 보험료의 차이를 조정하여 추가 징수 또는 환급하는 정산함. • 단, 건설업·벌목업 등은 자진신고·납부제도를 적용하므로 연간 보험료를 선납(개산보험료)하고 추후 정산(확정보험료)함.

6. 자격상실신고

구분	국민연금	건강보험	고용·산재보험
상실 사유	퇴직 또는 퇴사, 사망, 국외이주 또는 국적상실, 60세 도달, 다른 공적연금 가입, 기초생활수급자 책정	퇴직 또는 퇴사, 사망, 국적상실, 의료급여수급권자, 유공자 등 의료보호대상자의 건강보험 적용배제신청	퇴직 또는 퇴사, 사망, 적용 제외 근로자가 되는 경우, 보험관계 소멸 등
보험료 부과 및 정산	자격 상실한 날의 전날이 속하는 달까지 매월 보험료 납부. 별도의 퇴직정산 없음.	자격 상실한 날의 전날이 속하는 달까지 매월 보험료 납부. 근로자와 정산한 후 공단과 정산	고용관계종료월의 근무일을 기준으로 월평균보수를 일할계산하여 보험료 부과하고, 다음 해 보수총액신고서에 의해 보험료를 공단과 정산
제출 서류 기한	다음 달 15일까지 제출 「사업장가입자자격상실신고서」	14일 이내에 제출 「직장가입자자격상실신고서」	다음 달 15일까지 제출 「피보험자자격상실신고서」, 「근로자고용종료 신고서」

- 산재보험은 사용자가 전액 부담하기 때문에 자격 상실 시에 근로자와 별도 정산이 필요 없음.

7. 사업장 탈퇴신고

사업장이 휴업, 폐업, 합병이나 분할로 소멸, 근로자가 없게 되는 등의 사유에 해당하는 경우에는 사업장 탈퇴신고를 하여야 합니다.

구분	국민연금	건강보험	고용·산재보험
사유	휴업, 폐업, 합병이나 분할로 소멸, 근로자가 없는 개인사업장 등	휴업, 폐업, 합병이나 분할로 소멸, 직장가입자 대상 근로자가 없거나 대표자 사망 등	사업의 폐지 또는 종료, 직권소멸, 임의가입 보험계약의 해지, 일괄적용의 해지 등
신고 서류	「사업장 탈퇴신고서」, 「사업장가입자 자격상실신고서」	「사업장 탈퇴신고서」, 「직장가입자 자격상실신고서」	「보험관계소멸신고서」
신고 기한	사유 발생일이 속하는 달의 다음 달 15일까지	사유가 발생한 날로부터 14일까지	사유가 발생한 날의 다음 날부터 14일 이내

8. 4대보험 관련 기타사항

[일용근로자 및 단기간 근로자에 대한 4대보험]

정의	• 일용근로자 : 일일단위로 근로계약을 체결하고 그날의 성과를 시급 또는 일급형태로 지급받는 근로자(1개월 미만) • 단기간근로자 : 1개월 동안 60시간(1주 15시간) 미만 근로자
4대보험 적용대상	• 국민연금·건강보험 : 1개월 이상 고용되거나 근무하기로 계약한 경우(건설일용직은 1개월간 20일 이상 근무한 경우) • 고용보험 : 월 60시간 이상 근로자(월 60시간 미만이라도 생계를 목적으로 3개월 이상 계속 근로하는 경우 적용대상) • 산재보험 : 근무일수와 시간에 관계없이 모두 적용대상(일부 건설업 관련사업 등 제외)
보험료	• 보험료 산정 : 해당 월에 지급받은 보수총액 × 보험료율 - 근로복지공단은 「근로내용확인신고서」상의 보수 및 고용정보로 월별로 보험료를 부과하며, 사업주는 다음연도 3월 15일까지 보수총액신고를 하고 보험료 정산함.

[휴직 근로자의 4대보험]

국민연금	• 휴직기간 동안 납부예외 신청을 하여 납부하지 않을 수 있음(납부예외신청이 없으면 휴직기간에도 계속 부과). • 복직 후 납부예외 기간에 대한 연금보험료를 납부할 수 있음.
건강보험	• 휴직기간 동안 보험료 납입고지 유예신청을 하면 휴직기간 동안의 보험료는 부과되지 않음. • 다만, 복직 시 휴직기간 동안 미납된 보험료를 일시에 납부해야 하며, 일시 납부가 어려운 경우 10회의 범위 내에서 분할납부신청 가능
고용보험 산재보험	• 휴직기간에 임금을 지급받지 않으므로 보험료 납부는 없음.

[자영업자에 대한 4대보험]

국민연금 건강보험	• 개인사업체의 사업주가 1인 이상의 근로자를 사용하는 경우에는 국민연금 및 건강보험의 사업장 적용대상임. • 개인사업장의 대표자는 급여를 지급받는 것이 아니므로 사업장 최초 가입 시에는 근로자와 동일하거나 그 이상으로 급여신고를 함. • 계속 사업을 영위하는 경우에는 전년도 종합소득세 신고 금액을 기준으로 신고함. • 개인사업장 사용자의 건강보험 정산은 매월 6월분 보험료(성실신고확인대상자는 7월분 보험료)로 정산하고, 전년도 연말정산 결과에 의한 보수월액은 해당연도 6월부터 다음연도 5월까지 적용함.
고용보험 산재보험	• 개인사업주는 근로자가 아니므로 고용보험 및 산재보험의 적용대상에서 제외 • 다만, 예외적으로 자영업자는 고용보험에 임의로 가입할 수가 있고, 중·소기업 사업주는 산재보험에 임의 가입할 수 있음.

참고문헌

- 김용준, 「유치원에서 유튜브 가르쳐요. 초등생 장래희망 3위 유튜버」, KBS뉴스, 2019. 12. 10.
- 김도영, 「유튜버, SNS마켓 등 신종사업과세 부실, 코드신설, 대응 모색」, KBS뉴스, 2020. 10. 12.
- 박지환, 「오줌세 – 시원하게 싼 오줌에도 세금이?」, 조세일보, 2015. 8. 11.
- 권홍우, 「난로와 창문에도 세금을?」, 서울경제, 2016. 5. 19.
- 오로라, 「못말리는 한국인의 유튜브 사랑, 4,300만 명이 한 달 30시간 본다」, 조선일보, 2020. 10. 8.
- 이재준, 「서울시, 독일식 빗물세 도입 논란」, 조선일보, 2012. 9. 5.
- 최효정, 「지난해 혼인율 사상 최저, 이혼율은 2년 연속 상승」, 조선비즈, 2020. 3. 19.
- 부애리, 「유튜브에 빠진 韓, 올해 제일 많이 본 영상은?」, 아시아경제, 2020. 12. 3.
- 곽성규, 「1.9% 100만 구독 유튜브 채널, 국내 총 구독자 58.5% 점유해 쏠림현상 극심」, 사례뉴스, 2019. 11. 11.
- 유재희, 「국세청, 외환거래 연 1,000달러 초과 유튜버 과세 검증」, 전자신문, 2020. 7. 20.
- 김영호, 「소야, 방귀 뀌었지? 낙농국가 웃지 못할 방귀세」, 매일신문, 2020. 2. 10.
- 박상준, 「설탕세 도입하면 비만 막을 수 있을까?」, 메디컬업저버, 2018. 9. 11.
- 이성규, 「비만세 도입하는 국가 늘어난다.」, 사이언스타임즈, 2016.

10. 11.

- 최윤필, 「기억할 오늘, 차르 표트르의 수염세」, 한국일보, 2018. 9. 5.
- 전병호, 「수염 속에 들어있는 세금정책」, 오마이뉴스, 2014. 7. 24.
- 김기성, 「이혼세 도입하나? 호주 수수료 대폭 인상에 거센 반발」, 연합뉴스, 2015. 5. 15.
- 「독일 종교세 다시 논란」, 가톨릭뉴스 지금여기, 2015. 2. 13.
- 이종훈, 「독일, 종교세 시끌」, 동아일보, 2012. 9. 28.

- 「신종·호황 고소득사업자 176명 전국 동시 세무조사 착수」, 국세청 보도자료, 2019. 4. 10.
- 「과시적 호화·사치 고소득탈세자 122명 동시 세무조사 실시」, 국세청 보도자료, 2019. 10. 16.
- 「코로나19 경제위기 틈타 서민에게 피해를 주는 민생침해 탈세자 109명 조사」, 국세청 보도자료, 2020. 5. 19.
- 「고소득 크리에이터의 해외 발생 소득에 대한 검증 강화」, 국세청 보도자료, 2020. 5. 24.
- 「유튜버, SNS마켓 등 신종업종의 성실납세를 도와드립니다」, 국세청 보도자료, 2020. 6. 18.

- 「역사 속의 재미있는 세금이야기」, 국세청 블로그 아름다운 세상, 2011. 12. 6.
- 「이색적인 세금이야기, 운동을 많이 하는 남자가 내는 조크세금」, 국세청 블로그 아름다운 세상, 2016. 5. 4.
- 「이색적인 세금이야기, 환경개선을 위한 호흡세 논란」, 국세청 블로그 아름다운 세상, 2016. 5. 19.

- 「숨을 쉬려면 세금을? 프랑스의 공기세」, 국세청 블로그 아름다운 세상, 2017. 6. 23.
- 「영국에서 시행되었던 이색 세금, 벽지세와 벽돌세」, 국세청 블로그 아름다운 세상, 2018. 8. 3.

- 이승희·박성욱·나형종(2020), 「유튜버의 소득에 관한 과세방안 연구」, 세무와 회계 연구 제21호(제9권 제2호)
- 송민경(2020), 「설탕세 과세동향과 시사점」, 외국입법 동향과 분석 제28호, 국회입법조사처

사람인(www.saramin.co.kr)
녹스인플루언서(kr.noxinfluencer.com)
아프리카TV 랭킹(https://afevent2.afreecatv.com/app/rank/index.php?szWhich =favorite)

국세청(www.nts.go.kr)
국세청 홈택스(www.hometax.go.kr)
국세법령정보시스템(txsi.hometax.go.kr)
법제처 국가법령정보센터(www.law.go.kr)
임광현 국세청장 후보자 인사청문회 답변서 (2025. 7. 13.)
한국전파진흥협회 "2021년 1인 미디어산업 실태조사"
국세청 제출 자료 (김영진 의원실, 2024. 9. 18.)
뉴시스, 경향신문 등 언론 보도 (2025. 7. 14.)
국세기본법 제81조의6 (세무조사 관할 및 대상자 선정)
국세청 세무조사 운영 방안 (https://www.nts.go.kr)
국세청 제출 자료 (정태호 의원실, 2025. 7. 14.)

한국세정신문 (2024. 9. 19.)

글로벌이코노믹 “유튜버·BJ, 5월 종합소득세 수입신고 누락하면 안 돼” (2025. 5. 8.)

https://www.newsis.com/view/NISX20250714_0003250796

https://www.taxtimes.co.kr/news/article.html?no=266352

세무사 **이원주**

○ 경남 삼천포 출생

현
○ 경일세무회계사무소 대표세무사
○ 기분좋은연구소 이사
○ 한국세무사회 자격시험 출제위원
○ 한국세무사회 국제협력위원
○ 한국세무사회 기업진단감리위원
○ 한국사이버진흥원 회계세법 강사
○ 스터디채널 회계세법 강사

전
○ 한양여자대학교 세무회계과 겸임교수
○ 김포대학교 세무회계정보과 겸임교수
○ 경인여자대학교 세무회계과 외래교수
○ 공인모법학원 부동산 강사
○ 한국산업인력공단 NCS(회계, 세무) 개발 심의위원
○ 세무사시험 출제위원
○ 국세청 바른세금지킴이 탈세감시위원
○ 한국세무사회 자격시험팀 차장
○ 세무법인 세화 세무사
○ 세무법인 흥인 세무사

학력
○ 고려대학교 대학원 법학박사 수료
○ 고려대학교 대학원 법학석사(조세법) 졸업
○ 국립경상대학교 회계학과 졸업
○ 진주고등학교 졸업

저서
○ 주택관리사 회계원리(예문사)
○ 전산세무2급(어울림)
○ 초급세무회계(경영과회계)

공인회계사 **김인기**

현
- 동남회계법인 파트너 회계사
- 남북교류협력지원재단 감사
- 한국인터넷광고재단 감사
- 광문고등학교 개방감사
- 서울특별시 교육청 청렴시민감사관
- 경기도 도민참여옴부즈만 위원
- 법원 전문심리위원
- 한국공인회계사회 지역투명성위원회 위원
- 한국산업기술기획평가원(KEIT), 중소기업기술정보진흥원(TIPA), 정보통신기획평가원(IITP), 한국엔젤투자협회 등 평가위원

전
- 대림대학교 세무회계학과 겸임교수
- 삼일회계법인 남북경제협력최고경영자과정 제1기 수료
- 서울대학교 법과대학 최고지도자과정 제27기 수료
- 서울대학교 행정대학원 국가정책과정 제100기 수료
- 세한대학교/한국정책재단 굿리더 고위정책과정 제1기 수료
- MBC아카데미 스피치최고위과정 제5기 수료
- 국세청 국세행정 국민정책참여단 정책혁신 위원
- 서울지방국세청 납세자보호위원회 위원
- 서울지방국세청 민생지원소통추진단 외부위원
- 역삼세무서/반포세무서 납세자보호위원회 위원
- 역삼세무서 영세납세자지원단 나눔회계사
- 노원세무서 국세심사위원회 위워
- 한국공인회계사회 국세연구회 위원
- 한국공인회계사회 지방세연구위원회 위원
- 한국공인회계사회 청년위원회 위원
- 서울특별시 민원배심제 시민배심원
- 경기도 시민감사관
- 오산시청 지방세심위위원회 위원
- 의정부검찰청 검찰시민위원회 위원
- 직업능력심사평가원 심사평가위원

학력
- 서울대학교 경영전문대학원 경영전문석사(EMBA)
- 고려대학교 대학원 법학박사 수료 (행정법(조세법 포함) 전공)
- 고려대학교 대학원 경영학석사 (회계학 전공)

교수 **박현준**

현
- 광주대학교 회계세무학과 겸임교수
- 숙명여자대학교 경영학과 초빙교수
- 아주대학교 외래교수 중급재무회계 및 기업세무관리 강의
- 청암대학교 외래교수 전산세무회계 강의
- 한국농수산대학교 외래교수 농수산세무 강의
- 경희사이버대학교 외래교수 재무빅데이터분석사 강의
- ISC2 정보시스템보안전문가협회(CISSP) 한국챕터 재무이사
- 한국데이터산업진흥원 위원
- 한국생산성본부 출제위원
- 한국공인회계사회 출제위원
- 지방행정발전 연구원 평가위원

전
- 한국세무사회 자격시험팀·홍보실 근무(12년)
- 부동산 시행법인 근무(3년)

학력
- 광주대학교 대학원 경영학박사 졸업
- 광주대학교 대학원 경영학석사 졸업
- 조선대학교 경영학과 졸업
- 창평고등학교 졸업